講談社文庫

本がなくても生きてはいける

岸本葉子

講談社

目次

V

だから女は頼られる

本がなくても生きてはいける

恋愛よりも好きなもの——まえがきに代えて

「岸本さんのエッセイって、男があんまり出てこないね」

と、よく言われる。今のところ、実生活そのものに男の入る余地がないし、他にいろいろと楽しみがあるせいもあるだろう。

三十になろうという頃は、

「今、相手をみつけなければ、このままずっとひとりなのでは」

と早くも「老後」のことまで心配し、「結婚せねば」と焦ったものだ。が、そのときでも、お見合いおばさんタイプの世話好きなご婦人から、

「あーら、だったらいくらでも設定してあげるわよ。いつがいい?」

と迫られると、ずずずと引いてしまっていた。

男性を紹介され、夜、家に電話がかかってくるのが常となり、会う日を相談し、当日は、何かしていても中断し、あるいはしたいことをあきらめてまで、忙しい時間をやりくりし、あたふたと出

かけていき……そうした一連のプロセスが、自分の生活に入ってくることがイメージできなかった。

「やっぱり、自分はひとりの時間が好きなのだなあ」

と改めて知った。

誰だって、暇な人はいない。夫やボーイフレンドのいる人でも、仕事や家事からほっと解放されたひととき、あるいは一日の終わりにほんのちょっと自分に許された時間、何者にもじゃまされずマイペースで過ごしたいという願いは、共通ではなかろうか。

そのひとときに何をするか。

音楽、ビデオ鑑賞、Eメールなど、人それぞれだろう。私も寝る前に漬物を漬けるのに凝ったり、運動不足の解消にと、深夜ウォーキングマシーンで汗を流したりしたが、もっとも暮らしにとり入れやすいのは、本だ。別に人に言いふらすほどの読書家ではないけれど。

本のいいところは、携帯性があることだ。ベッドや風呂の中にまでも持ち込める。

好きな頁からはじめて、どこでもやめられるのもいい。先を急いで途中とばしたり、逆に、面白くなってきたところで、連続ドラマの「続く」のように、次の日の楽しみにとっておくこともできる。マイペースという点では、本にまさるものはないのでは。

ついでに言えばお値段も、そうものすごく張るものではない。不況の時代、本はひとりの時間を満たすための、シンプルにして、投資効果の高い方法だ。

本の中で、さまざまな人に会った。昔の人、今の人、癖のあるやつ、変わり者。しょうもないやつ、懲りないやつ、頑張り屋、生きることを楽しんでいる人、死に際しあっぱれな人。むろん男も女もいた。実生活では「男出入り」の少ない私も、本を通してなら、いろいろな人を知っているのではと、ひそかに思っている。

この本は、そうした出会いの場となった本をめぐる読書エッセイである。

これから私に恋愛や結婚のチャンスがめぐり来るかどうかはわからないが、可能性をあきらめたわけではない私としては、本によってさまざまな男女の生き方にふれ、男女の別を超えた、「人間」理解を深めておくことができれば、と願っている。

I

やっぱり頑張る女たち

知人の女性が、三十七歳で出産し、半年間ぶりに復職した。

久々に会って、

「あらー、変わってないじゃない」

と私。もっとやつれ果てた姿を想像したのだ。

「そんなことないわよ、体の中はズダボロよ」

本人は言っていたが、とてもそんなふうには見えないのだった。

「やつれ果て」ているかと思ったのは、わけがある。彼女の場合、結婚から出産までが、あまりにハードスケジュールだったので。

いわゆる「できちゃった婚」だが、間の悪いことに妊娠がわかったと同時に、彼の地方転勤が決まったという。ついていくパターンもあり得るが、ここで辞めたら、二度と同じ仕事につけないだろうことは、リストラなど、企業を取り巻く厳しい社会環境から、察せられる。石にかじりついてでも、続けなければ。

女性の先輩たちが道を開いてくれたおかげで、産休三ヵ月、育休三ヵ月、少なくとも計半年は、休めることになっている。その制度をフルに利用した。

何しろ、ダンナはいなくなるのだ。アテにできない。すべてにおいて、ひとりで事に当たらなくては。

夫の任地とこちらとのダブルで家賃がかさむので、向こうは寮に住んでもらうことにし、東京にマンションを購入することに。むろん、金はダンナに半分出させる。日に日に大きくなるお腹を抱えて、不動産屋回りをした。

「買う前に、彼の方は見たの?」

彼女に聞くと、

「いーや。往復の交通費がもったいないもの」

と首を振る。

「当面、住むのは私だからね。まあ、間取り図くらいはファックスしといたけれど」

契約からローンの手続きから、何から何まで自分でした。

「新築だけど、完成と予定日とどっちが早いかって感じで、はらはらした」

引っ越しは、おまかせのパックで。私も経験したが、それでも引っ越しはたいへんだ。臨月で、よくやったものだと思うが、

「とにかく、身ひとつのうちにしないとと思ったの。産んじゃったら、とても引っ越しどころじゃないもの」

マンションと並行して、保育園の情報を収集し、ゼロ歳児から受け入れてくれるところを探して、復職。会社帰り、間に合いそうにないときはタクシーで保育園に乗りつけると

いう、きわどい両立を続けている。

彼女の場合、すでに母親が亡くなっているので、いざというときのサポートは期待できない。妊娠、出産とはじめてずくめのことばかりに立ち向かい、しかも自分が倒れたらアウトと、さぞやプレッシャーの強い日々だろうと思うが、本人はあっけらかんとしている。

「今の不安といえば、ダンナが東京に戻ってくることだな。何といっても、同居したことないんだもの。じゃまに感じたりしないかなと」

彼女のように頑張りのきく人ならば、もしかしてほんとうに夫はいらないかも知れない、と思うのだった。

お仕事拝見

もの書きになる前は、会社員をしていた。正確に言えば、保険会社に勤めていたときに最初の本が出たのだが、その頃は、いわゆるマスコミと保険会社とのギャップに、驚くことが多かった。

私がいたのは、社内でももっともお堅い人事部で、トイレに立つにも「洗面行ってきます」と行き先を明らかにしなければならない。当然、私用電話は禁止。連絡をとるべき出版社には、席を離れる数少ないチャンス、朝のお茶汲みの際、公衆電話からかけた。

ところが、いくら鳴らせど鳴らせど、誰も出ない。（なんという会社か）と憤った。世の中の会社はすべて、遅くとも九時には始業しているものと思っていたのだ。

昼休み、再びかけると、出たことは出たが、「岸本と申しますがお世話になっております。何々さんは……」言い終わらぬうち、「いません」。ガチャン。

お世話に云々と言われたらすかさず「こちらこそ」と返礼しろ、不在のときは何時頃戻るか必ず言えと、徹底して叩き込まれる保険会社の常識からすると（なってない！）。

のちに、大学の同級生で通信社に入った男性に、「お宅の会社でもマナー研修ってあるの?」と訊ねると、「あるよ。『机の上に足を挙げない』とかね」との答が返ってきた。

あるとき、おつかいから自分のデスクに戻ったら、私宛の電話の伝言メモが残っていた。フリーの編集者からで「近くまできたので寄りました。下の『ルノアール』にいます」。電話を受けた先輩女性は「この人、何者?」と冷たい視線。私は青くなりながら、「ルノアール」に電話して、彼を呼び出し、「私の職場は、そんな、ちょっと出られるような職場じゃないんです」と、先輩女性の手前もあり、きつく断った。

総務課長から、いきなり内線電話がかかってきたこともある。「今、あなたの知り合いだと名乗る人から、社長インタビューをとりたいとか言ってきてるけど、断っていいんだね?」。焦ったり平謝りに謝ったり、心拍数が上がることばかりだった。ある業界にとっての常識は、その外の人には非常識。そのことを身をもって実感した。

大谷由里子著『吉本興業女マネージャー奮戦記「そんなアホな!」』のタイトルは、まさにその実感を表したもの。著者は、私とほとんど同時代に就職活動したようだ。そう、男女雇用機会均等法もないあの頃は、なかなか決まらず、めげたものだけれど、転んでも笑いはとる関西人、ウケ狙いで応募した吉本興業になぜか内定。が、入ったそこは、開業医の娘の著者には「そんなアホな!」の連続だった。

読みはじめは、私はかなりカリカリした。この人、いつまでもミーハーで、叱られるとすぐ泣くし、慰めてくれる人の後をついて回る。「社会人のくせに、自分に優しくしてくれるかどうかしか、基準がないのか」と怒鳴りたくなる。私が上司なら、間違っても部下にしたくないタイプだ。

だが、読むうちに評価が変わった。そんな彼女だからこそ、芸人がわがままを言いたい気持ち、人が寄ってこないさびしさがわかる。なので、とことん親身になる。理屈屋で、頭でっかちで、筋の通らぬことは受けつけず、自分の時間を断固として守る私には、とてもとても勤まらない。

(能力とは、さまざまなのだ)と思うと同時に、彼女を見抜いた吉本の人事担当者の目に、感心した。「一生懸命な人間は知識以上の仕事をときとしてやり遂げてしまう」と、あとがきにある。この本のメッセージと言えるだろう。

大庭かな子著『添乗員(ツアーコンダクター)さん大活躍』は、ツアーに参加する見ず知らずの人々と、朝から晩までごいっしょするディープなお仕事。成田離婚なんてかわいいもの、アル中の男あり、金にものを言わせるバブル社長あり。いやー、年じゅうこうさまざまな人を引率してると、人間、図太くなりそうですね。

最大のトラブルは、ヨーロッパの某空港のチェックインカウンターで。旗振って客を連れていったはいいが、航空券がない！　けれど、そこはベテラン添乗員、団体の搭乗券は航空会社のカウンターに前もって用意してあることが多いので、本来なら航空券と引き替えにもらうところを、すっとぼけて受け取り、客に配って、出国審査場に送ったあと、さあ、急げ。タクシーを飛ばし、忘れた航空券を取ってきたが、飛行機は滑走路へと動き出したあと。添乗員ひとり置いてきぼりに……。が、プロはそれでもあきらめない。あの飛行機に乗っている客の薬を自分は持っている、これがないと、たいへんなことになるかも知れないと、一世一代の大芝居を打てば、飛行機はなんと止まったではないか。あっぱれです。ここまでやれる著者の元気のモトは、「お客様の喜ぶ顔を見るのは本当にうれしい」ことに尽きるのか。

宮子あずさ著『ナースコール』の看護師も、究極の接客業と言える。看護師を顎で使いたがる患者、気に入らないことがあると殴る患者、死を前に遺産のことしか頭にない家族。「なんでこんな人間の醜い部分まで見なくてはならないんだろう」とつらく感じたときもあったが、十一年のキャリアを積んだ今思うことは、「人間なんでもあり」と。著者が考える看護師の条件は、大きな声で明るく「うんこ」と言えること。末期の患者さんとは、特に排泄での関わりが大きい。その人たちと、便が出たことを、ともに喜べること。「人は便の前には、皆平等。それを知っていることが、この仕事の強み」と言う。名言である。

いろいろな仕事を覗き見する中でも、「禁断」の感じを味わうのが、麻生佳花著『尼は笑う』。（うら若き女性が出家とは、よほどのわけが）と想像すると、考え過ぎで、座禅がストレスにいいと聞いてはじめ、いつしかはまっていたそうだ。

どの章も面白いが、尼さんになるための道場での修行生活は傑作。髪を剃るのがまだへたで血だらけの頭になったり、精進料理が続く中、先生のお坊さんたちが町にピザを食べにいくとの噂に、どよめいたり。（尼さんだって、ふつうの人と同じかあ）とほっとする一方で、心の平安を得る知恵が、文章のあちこちに感じられ、（さすが修行を積んだ人だわ）と、あらためて思うのだった。

結婚って何?

「どこかにいい人いないかな」。三十になったばかりの頃は、女どうし挨拶のように言っては、溜め息をつき合っていた。その思いは、今もなくもない。経済的にはまあまあ不足はないし、住まいも買った。欠けているのは「愛」方面だな、と。

なので、ペンローズ・ホールソン著、新谷寿美香訳『どうして、私にはいい人が現れないの』のタイトルは見過ごせないものがあった。「どこにいるの私の王子様」といった章タイトルのつけ方や、いかにも「女の子」っぽい装幀には、やや抵抗を感じたが。

著者は、ロンドンにある結婚相談所の経営者。一九八六年、相談所を引き継いだときは、会員のうち、看護師、秘書など従来から女性のものとされてきた職業に就いている人の割合は、百人に九人だった。男性と同じように働くキャリアウーマンも同じ数。

一九九八年になると、前者が九人のままであるのに対し、後者は三十一人に増えた。彼女らは、八〇年代のキャリアウーマンより、はるかに社会で成功している。バリバリと仕事をこなし、高収入を稼ぎ出すばかりか、ファッションやユーモアのセンスもある。

あちらでもそうなのか、と驚いた。他のことでは人並み以上の問題処理能力を有する女性が、結婚のハードルだけは、越えられずにいる。イギリスで大ベストセラーというのが、そうした女性の数の多さを物語る。

本書は、前半を、三十代女性の実情と分析、後半を、出会いのチャンスを得るためのアドバイスにあてる。

「何よりも結婚を難しくしているものは、感情的な面での期待です」と著者。彼女らの母親たちは、結婚にあれこれ期待を抱かなかった。暮らしていけるだけのお金を得てきてくれて、夫として父親として、世間に通用する男であれば、じゅうぶんだった。女には生計を立てる手段がなかったし、いつまでも独身だと、社会のはみ出し者とみなされた。

つまるところ「経済的に生き残るためと、アイデンティティを確保するための二つである」と、社会政治学者ジャネット・フィンチの言葉を、著者は引く。「この二つが、女性の側から見た、イギリスにおける過去二百年間の結婚の真相である」

母親たち、そのまた母親たちにとっても、結婚は「考える」ものではなく「するもの」だった。が、女性を取り巻く状況が変わった今は、「結婚とは何ぞや」「なぜ結婚すべきなのか」から、自分に問いただなければならなくなった。

このあたりの分析は、いちいちうなずけて、すべての行に傍線を引きたいくらいだった。

理想が高いのだろうと、よく言われるが、事はそんなに簡単ではない。この巨大なる「なぜ」の壁の前に立ちつくし、先へ進めないのである。

だから、後半の方法論への移行は、私には突然であり、置いてきぼりをくらった感があった。ハウツーの前に、「なぜ」の解答が示されるべきではないの？

やがて、わかった。まさに、こういう女のため、著者は結婚相談所を営むのだ。

おそらく、その「なぜ」は大き過ぎ、ちょっとやそっとでは答が出ないものなのだろう。「どこかにいい人」のつぶやきの内にこもる、もやもやした焦りは、「結婚」願望ではなくて、めずらしく問題を処理できずにいる「自分」への苛立ちかも知れない。そしてそのどちらかは、壁を睨《にら》んでいるだけでは、わからないのだ。

「結婚相談所は、あなたに理想の男性を紹介できるかもしれません。と同時に、あなたが何を心から望んでいるかをはっきりさせるお手伝いをします」。結果として、「なぜ」は未決のままゴールインすることがあってもいい、というのが、著者の考えなのだろう。「人生とは何ぞや」の答が出なくても、幸福な人生を送れる人は、ゴマンといる。結婚もそれと同じこと、と。

出産ってすごい

読んでよかったのか、読まない方がよかったか。田島みるく著『「出産」ってやつは』。三児の母である漫画家の、自らの体験をもとにしたコミック&エッセイである。

子を産んだことのない女性にとって、妊娠、出産は「未知なる世界」。興味しんしんではあるけれど、知るのが怖いような。この感じ、男性にわかってもらうには、ちょうど少年少女にとっての、性の世界とでも言ったらいいか。

怖いもの見たさから、ついつい覗いてしまった。

とにかくリアル。陣痛がはじまり、病院にかつぎ込まれると、まずされたのは、アソコの毛を剃ること。次いで一リットルはゆうにありそうな浣腸を。おいおい、テレビドラマにおける出産とは、全然違うぞ。

陣痛がクライマックスに達したとき、股間でじょきっとハサミの音。出産のときはアソコを切ると、噂には聞いていたが、ほんとうだったとは。しかも麻酔なしである。これは、知らぬが仏だったか。キャラクターが四コマ漫画ふうだからいいものの、劇画タッチだったら、正視できないくらいのことだ。

お産の後が、またつらい。便をしようとすると、縫ったところが、痛いの何の。夜は夜で、二時間おきの授乳のため、ほとんど眠れないというし。出産ってホント、苦しいんですね。

が、考えてみればこの著者も、第二子のみならず三子までも、こりずに産んでいるのだものな。著者の母いわく「次の子が産めるように、女は出産時の痛みを忘れるようにつくられている」。そうかも知れない。何よりも、著者がこうして、元気で漫画を描いていることそのものが、女たちへの最大級の励ましだ。

妊娠、出産というテーマを扱いながら、イズムを感じさせないのも、同世代として共感できた。ひと昔前の出産本は「さあ、これからは女たちは母性神話から解き放たれて、子宮のことでも何でも、大きな声で語っていいのよ」と気負うあまり、ともすれば声が大きくなり過ぎて、私には今ひとつついていけないものがあった。そこからさらに自由になったのが、ポスト・フェミニズムの、今の世代なのだと思う。

しかし、女がこれほど苦しみつつ妊娠、出産に取り組んでいる間に、浮気をする亭主がいるとは、まったくもって許せない。男性にこそ、目を皿のようにして読んでほしい。

ご近所付き合いもパワーでこなす

山のような白菜を前に、「おばちゃん」は塩をひとつかみし、脇の下やら足の間やらにふる動作。葉の一枚一枚にふるってこと!? 腕まくらしてぐうぐう。ひと晩ねかせる? 身ぶり手ぶりによる、キムチ漬けの特訓だ。

会社員の夫と二人の娘とともにやって来たのは、韓国ソウル。渡邉真弓著『韓国のおばちゃんはえらい!』は、ご近所の人間関係にどっぷりと浸るはめになった妻の滞在記である。ハングルで書き、韓国で先に出版された経緯も、面白い。お世話になった人たちに、ささやかな感謝の意を、本を通じて伝えるつもりが、思いがけず新聞、雑誌にとり上げられ、「日韓の新たな関係を予感させる」と評判になった。まとめて言えばそのとおりだが、そのひとことに盛り込めきれない味わいが、たっぷりだ。

この著者、何も両国のかけ橋たらんと、使命感を抱いたわけではない。外国に住むなら、現地の人と同じにすべきと、勢い込んだわけでもない。住むといっても、夫の任期のたかだか二年間のこと。ただ外国人用マンションは、きれいで便利で何でも揃うが、「うまが合わない」と感じてしまった。それよりはと、夫の留学時代の下宿にほど近い、横丁のアパートへ。その日からハングルとの格闘がはじまった。

幼稚園の送り迎えから、家事のすべてに言葉はつきもの。配達を頼むのにも、家への道順の文を丸暗記したのを繰り返す。スーパーの肉売り場の店員には、「これ、一キロください」とハングルで叫べどそっぽを向かれ、「これってなんだよ！　ちゃんと言わなきゃわからないじゃないか！」。

日本人もかつてここの人たちに言葉を強制していたわけだし……とひるんでいては、肉が買えない。家族の胃袋を満たす責務を負う者、ここでひきさがるわけにはいかない。韓国では、むやみに謝るより、言い分をはっきりと主張すること、との近所の娘さんの話を思い出し、「私は日本人だから言葉が下手なんですよ」。

下手でごめんなさい、ではなくて「下手なんです」から踏み出せた第一歩。幼稚園のお母さんたちの井戸端会議にも、片ことのハングルで、無理やり割り込んで。そうするうちに、だんだんと路地裏暮らしになじんでいく。

楽ではなかった。地下鉄では、十年前まで日本人が日本語で喋ると怒鳴られた、なんて噂も聞くし、友人の親は豊臣秀吉にさかのぼり、日本人の悪行を並べたてる。その親を説き伏せて、著者の夫に、結婚式の司会を頼む若いカップル。それも韓国人、あれも韓国人、どれかひとつだけが本音というわけではないことが、さまざまなつき合いを通して、読者にもわかってくる。

知り合いの女性は、ちょっとした誤解がもとで、血相を変えてまくしたててきた。涙を流し、激しくやり合った後、目を拭き鼻をかみながら、ともにリンゴを食べてから、こんなこと、生まれてはじめてだと思い当たる。他人に面と向かって言いたいことを言い、しかもその場で仲直りするなんて。

人はとにかくまっすぐに相手にぶつかる。「両者がよほど率直で」「受けとめられるだけの心の広さがなければ成立しない」。熱くて濃い、ソウル流人づき合い。この頃とみにケンカ下手になっている日本人としては、気づかされることが多いのだ。

帰国直前、著者は知った。幼稚園の母親の中でもっとも親しかった人が、もとはいちばんの「反日」だったと。ひたすら突進するだけの自分を、まわりの人は、知らないところで許し、受け入れてくれていた。

異文化の中で、懸命にもがき続けたらいつの間にか、優しく力強い腕で、ふところの奥深く、しっかりと抱き締められていた。そんな読後感だ。二年間の生活で、著者はずいぶん鍛えられたが、韓国の「おばちゃん」たちは、もっと大きく、たくましい。本を閉じてもまだ、彼女らの体温がじんわりと残っている。

欲望はどこまで?

リッチな若奥さまが、いるところにはいるものだ。三十代専業主婦の読者が出てきて、「フェラガモの靴は木型が合うので愛用していますが、六十足くらいしか持ってません」なんてことを言う女性誌を見るたび、そう思う。実は女性誌は、デパートと消費者と、切っても切れない仲にあるのだ。雑誌が商品を宣伝し、デパートが売り、買った人が読者モデルとなって……。そうした深い関係は、その雑誌だけとの間に限らない。

何をしたい、食べたい、着たい、子どもを、夫をどうしたい、どんな私になりたいか。次々と欲望をとらえ、刺激し、あおりたて、「女の市場」を広げてきたのが、女性誌だ。ならば、誌面に現れたテーマにそって、欲望のむき出しになる現場を見てみましょうというのが、久田恵著『欲望する女たち』。著者による、お出かけ実況中継ふうルポの第二弾である。

第一弾にあたる本は、『繁栄TOKYO裏通り』。取材となるとてつもなく構えてしまうタイプだったと言う著者が、はじめて肩の力を抜き、「親も子どももいる匿名の一人の女」、ひらたく言えば「おばさん」として街に出た。そのスタンスが、よっぽど合っていたらしい。第二弾のこの本では、足どりもいよいよ軽くなっている。

ＳＭＡＰのコンサートに行き、パチンコ店では大当たりに、目を白黒。今どきの在宅ワーク、テレクラのアルバイトを経験し、お受験、チャイドルのオーディション、精子ビジネスの現場も訪ねる。

それこそ女性誌の記事のタイトル等では知っていたが、百聞は一見にしかずと言おうか。著者とともに覗いてみると、「女たちの欲望は、いつからこんなに肥大化していたの、こんなにミもフタもなくなっていたの」と、溜め息が出る。著者によれば、八〇年代後半、主婦雑誌がこぞって「自己実現」をうたい、よき妻、よき母として女たちを家庭に閉じ込める役割をやめたあたりから。

妻だけでは嫌、母だけでは嫌。男女雇用機会均等法、バブル経済も重なって、「今のままの私では飽き足らない、何かしたい」の思いは、未婚既婚、年代の別を超えて、広がった。でも、いざやろうとすると、「自己実現」もなかなかたいへん。「外に出てみて、あらためてこの日本の社会システムはいまだ十分には女たちに開放されていないことが分かってしまった」という事情もある。

「女の市場」の賑いぶりからは、「なにかに夢中になってないと、持たないのよ、私たち」という悲鳴が聞こえてくるようだ。あふれ出たエネルギーが、行き場をみつけられず、消費を通じた「束の間の『自己実現』」になだれ込んでいく。「『行動』は過激だが『意識』や『生き方』は保守」、極端なアンバランスのため「ダッチロール状態」にあるのが世紀末の女たちだと、著者。幸せとは何なのか、こんなことになっていて、日本はだいじょうぶなんだろうか、とまで考えさせる。

重い現実。なのに、なぜか、絶望的な気持ちにはならない。街歩きが大好きという、著者の楽しさが伝わってくるためもあるだろうし、何よりも本の底を流れる「健全な精神」のためだろう。

パチンコで「元を取り戻さなければ。でも、これで出なかったらもう止めよう、際限がなくなるわ」と自分に言い聞かせたり、デパートで五千円ぶんものお惣菜をためらいなく買う主婦に憤慨したり。著者のそうした、心の行ったり来たりに、読んでいてほっとする。選挙前の政治家のように、「生活者の視点」をふりかざすわけではないけれど、地に足を着けて暮らしている人がここにもひとりいると感じる。

こうした「おばさん」がまだまだ少数派でない限り、迷走する女たちも、やがては進むべき方向をみつけられるのでは、と思えてくる。

ショッピングはやめられない

借金しながら、ブランド品を買いまくる。金がなければカードで、限度額を超えたらローンで。住民税は滞納し、健康保険証の交付まで差し止められた。中村うさぎ著『ショッピングの女王』は、世界の一流品を身にまとい、破滅の一途をたどる著者の、壮絶なあまりに壮絶な買い物記。週刊誌で話題の連載をまとめたものだ。

考えてみれば、節約本がベストセラーになるご時世に、何十万円もの金をドブに捨てるムダ遣いの話が、なぜ受けるのか。

『だって、欲しいんだもん！　借金女王のビンボー日記』なる本を出したときは、読者から続々と怒りの手紙が寄せられたそうだ。ビンボーのつくサブタイトルからして「貧乏＋努力＝涙の成功」といったストーリーを期待されたようだが、おのれは「シャネルとエルメスに埋もれて餓死するバカ女、いわば美談の対極に位置する人間なんだよ。正しい貧乏なんかクソくらえってんだ！」。

そう、リストラや倒産で、右肩上りどころか、今日と同じ明日のあることすら信じられぬこのご時世、いくら「正しい」貧乏だろうと「貧乏＋努力」が単なる「涙」にしかならないと、民の方もとっくに気づいているわけで。

どうせ報われないならば、もっと不幸な人が見たい。むじんくんのお世話になる著者に、「私も生活苦しいけれど、あそこまで落ちぶれてはいないわ」と、まだましな自分を確認する。あるいは、著者の姿を通じ、バブルの頃さんざんに金満ぶりをみせつけられた誰かれの行く末に思いをいたし、溜飲を下げる。幸せって、他人と比べることで、ようやっと実感できるものなのね？

ブランド品を愛用するのは長く使えるしっかりした品だから、と気取るコマダムもいるが、女王様に言わせれば「それは違うね」。「私たちがブランド品を購入するのは、それがブランド品だからだよ」

資本主義とは「金持ちという栄光のゴールに向かって、しのぎを削り合うゲーム」、ブランド品は「ゲームの景品」だと。成長神話、バブル騒ぎにおおい隠されていた現実を、裸の王様ならぬ女王様となって暴露する潔さには、胸がすく。

女王様は、けっしてバカではない。自分のしていることを、わかっている。「物欲もさることながら、モノを買うという消費行動自体が、私にとって快楽なのである」との一文は、買い物に依存するメカニズムの、簡にして要を得た説明となっている。

学もある。「恥の多い生涯を送って来ました」と太宰治の『人間失格』を引用したり、「パンがなければケーキをお食べ」で知られるマリー・アントワネットの暴言が、実はケーキではなくブリオッシュ（パンの一種）だったという、歴史上のエピソードも披露したりする。けれども、そうした「知性」も「教養」も、買い物を止められないから、病は深い。依存症の前にはすべてが無に帰すことを、身をもって、というより身銭を切って、示し続ける。それを高邁《こうまい》な犠牲的精神とは、人は呼ばないだろうけれど。

何よりもすごいのは、カリカチュアの能力だ。的確な比喩、デフォルメ、そして徹底して自分を客観視する眼。五十回ぶんの文章に目を通した上でのあとがきには、「最初はオズオズしてた私が次第に大胆に（ってゆーか、ほとんどヤケクソに）なっていく様子が、手に取るようにわかる」「それでも、あんまり高いモノの話をすると反感買うんじゃないかと恐れて、傘だの手帳だの小物から攻めてるところが、いかにも小心で情けない」。こういう分析はふつう評者のすることで、自分で書くか、そこまでも。これはもう、業《ごう》のようなものである。

カバーをめくると、著者のイニシャルをルイ・ヴィトンふうにデザインした表紙が現れる。装幀もまた、カリカチュアとなっている。

トラブルのるつぼ

小学校のとき、授業中、先生が何を思ったのか、家族の人数を聞いた。自分を含めて何人か、先生の言うのに合わせて挙手をする。

「三人の人」

ぱらぱらと手が挙がった。

「四人の人」

いっせいに、わっと増えた。

「五人の人」激減した。六人、七人。誰もいない。

ひとりだけ、四世代十一人という男子がいて、皆で「ええーっ」とのけぞったが、それは例外的ケースで、ほとんどの子が核家族だった。昭和四十年代半ばのこと。

私たち、都会で生まれ育った女性は、大家族で暮らした経験がない。三十代のひとり暮らしの女性は、親元を離れてからの、ひとりの生活も長く、食べる、寝る、風呂に入るなど、何から何まで自分のペースでできることに、慣れきってしまっている。

結婚は、好きな人ができたらしたいとも思うが、自分以外の人とひとつ屋根の下で暮らすのは、結構たいへんそうだ。しかも、結婚となると、一対一の話ではすまない。双方の家族がいる。

夫の家族とは、なるべく同居したくない。ましてや将来、夫の親の面倒を見るなんて。

（避けたい……）

と言うのが、正直なところだろう。

林真理子著『素晴らしき家族旅行』のヒロイン、菊池幸子は、三十六歳のとき、ひと回りも年下の男と、いわゆる不倫大恋愛の末、結婚した。博多の町で、「ただのおっさん」に堕した夫と娘と三人暮らし。女の人生、これでおしまい？というときに、パート先に東京から赴任してきた若きエリート（しかも有名私大出、金持ち息子）と恋におち離婚、みごと恋を成就したという、溜め息の出るような経歴を持つ女である。

その十年後。

再婚した夫との間にできた子どもたちを連れ、夫の親の家に引っ越してきたところから、物語ははじまる。金持ちのはずの実家は、今にもつぶれそうな酒屋。住まいは、隣の部屋で聴いている歌の文句まではっきりと聞こえてくる、安普請の建売住宅。夫婦生活もままならない。

姑は、台所の流しも床もぴっかぴかに磨き上げなければ気がすまない潔癖症。小姑たる妹は、兄嫁にこしらえさせた夕飯を、当然のごとく食べ、自分のぶんの食器だけ洗うという、姑に劣らず陰険なタイプ。そればかりではない。そもそも何で同居するはめになったかと言えば、小姑や姑に代わり、夫の祖母、すなわち大姑の介護をするためなのだ。

最悪である。

たしかに、夫の祖母には、結婚に際し、夫の母が憎悪に近い大反対をする中、仕出し料理を並べて、ささやかな披露宴をしてくれた恩がある。そうでなくても、幸子という人は、幼稚園のお母さんたちや団地の住人を集めて酒盛りするなど、お人好しで、面倒見のいい性格のようだ。もともとが博多っ子というのも、屋台、トン骨ラーメン、モツ鍋といったごちゃまぜさを想起させ、アジア的な大家族的状況にも、なんとなく耐え得るのではないかと感じさせるものがある。

むろん、それだけで、血もつながっていない人の下の世話なんて、できるわけはない。これを機に姑に貸しを作り、菊池家における地位を相対的に向上させようという、「利害」もちゃんとあるのである。そうでなかったら、この小説は、単なる嫁いじめ、「幸子さんて、えらい人。でも、かわいそう」で終わってしまう。幸子には幸子の「思惑」を持たせることで、「利害が渦巻く場」としての家族像が、くっきりと浮かび上がるのだ。

視点を、幸子におかず、あえて夫の忠紘《ただひろ》にしたのも、よく考えられている。劇にちなんだ比喩が多いことに、読者は気づくだろう。

「テレビドラマでよくこんな声を出す女優がいる。主役ではなく傍役なのであるが、それなりにキャリアも人気もあるという女が、ひと騒動あった後の主役たちに向かって何か諭すのがドラマのきまりである」

「これまたおとなしく下座に控えていた弥生の夫が突然発言する。彼もまた重要な傍役のような声を出した」

「幸子が芝居じみたことを言ったり、泣き出したりするのには慣れているつもりだったが、淑子も加わり女二人で演じ始めるとかなりの迫力だ。観客の忠紘は唖然《あぜん》として二人の女の舞台を見るしかない」

そう、作者は読者にも、

「ヒロインの幸子に肩入れし過ぎず、観客として、少し引いて、なりゆきを見守って下さい」

と、ほのめかしているのだ。そうすることで、登場人物が、ヒロイン対悪役に二分化されず、ある場では対立し、別の事件が起きると、さっとくっつき共同戦線を組むように、ときどきの利害関係によって、集合離散をくり返す、家族内の「力学」が、よりニュートラルに見えてくる。

さて、話の方は、嫁姑問題に加え、大阪にいるから介護できないはずの叔母が実は目と鼻の先に住んでいることがばれたり、遺産相続や妹の結婚問題がからんだり、混迷の度を深めるばかり。気の弱い忠紘は、悲鳴を上げる。「菊池家の中でこの組み合わせはいくらでも出来る。妻と叔母、母と叔母、妹と叔母、叔母と叔母……、ああ、頭がおかしくなりそうだ」

読む方も、よくもまあこれほど、次から次へとあらたな問題が持ち上がるものだと思う。まことに家族は、トラブルのるつぼである。

そして菊池家の人々は、「親子だからわかり合える」「血がつながっているから、通じ合える」といった甘い期待を、けっして抱かせてはくれない。大恋愛の果てにあるのは、かくも酷《きび》しい現実か。

たまに、夫婦でいちゃいちゃするシーンが出てくると、ほっとする。そうよ、これくらいなくっては、何のために結婚したかわからない。姑、小姑の代わりに、飯の支度、大姑の下の世話までさせられて、その上、夫によそに女でも作られた日には、牛馬のようにこき使われた昔の嫁と同じである。

幸い、この年下夫、十年経っても、妻に惚れている。むろん、恋愛中の岩をも砕く波のような激情はもうないけれど、「忠紘にはわかる。いま、自分の横にぴったりと座り、体温を送り続けている小太りの女がいなければ生きてはいけない。愛している、とか、かけがえのない、という言葉でも説明出来ない。そう幸子こそ家族なのだ。父よりも母よりも切実に家族なのである」。

考えてみれば、この小説の中で、利害を超えた「愛」らしいものを感じさせるのは、幸子がらみのシーンばかりだ。皆から厄介者扱いされて、情けないと泣く祖母をしかと抱きしめ、「みんな恥ずかしくないの、おばあちゃんをこんなに苦しめて」と、目に涙をためて叫ぶのも、幸子。血のつながりのない、しかも、ひとり親の子として生まれ、腹を痛めた娘とも博多で別れたきりの、「不完全な」家族から来た幸子が、形式的には「完全な」家族である菊池家に、

「家族って何」

「人と人との絆《きずな》って何なの」

と、考えさせ、カルチャーショックを持ち込む役割を担っているのは、意味深い。

祖父の弔いを機に、家族が再び一堂に会するラストシーンは、絆をとり戻したかのようで、大団円ぽくはある。が、祖母はそう簡単には死なない構えだし、遺産を狙う叔母の夫は、早くも祖母にすり寄っていて、叔母は家の権利をめぐり、裁判で争う準備中。とりあえず第一幕の終わりに過ぎず、家族がいる限り、トラブルは尽きないことを暗示する。

ひとまず幕は下りたわけだが、私は映画の解説者のように、

「いやー、家族っていいもんですね」

とは、まだ言えない。でも逆に、トラブルをなるべく少なくして生きていくのが、いい人生かとなると、そうも言いきれないものを感じている。

そのへんは、忠紘にも迷いがある。「争いの日が続き、それは穏やかな解決の道を辿ろうとしているが、そのことは妻にとって幸せなことだったろうかと忠紘はふっと問うてみたい気がする。いつものように冗談半分にではなく真面目にだ」と。

けれども、もしも問うたなら、幸子はいつものように元気よく、はっはと笑いとばすに違いない。

「どっちが幸せだったかなんて考えるのは、意味ないよ。私は現にあんたのツマとして、こうして生きてるんだから」

誰しも、どんな家族のもとに生まれるか、自分では選べないように、人生はいろいろなはずみや、めぐり合わせでできている。そのことを、幸子はたぶん、うんと若いうちに、もしかしたら子どものときから、学んできた人なのだろう。だから自分にできるのは、さまざまなはずみやめぐり合わせに翻弄されつつも、明るく、楽しく生きていくこと、と。

そんなメッセージを、幸子は夫に、私たちに、送り続けている気がする。

家事は誰がする？

「やりにくくなったよ」知り合いの女性がこぼしていた。

彼女の夫は、前は「飯は腹がふくれさえすればいい」というタイプだったが、四十を迎えこだわり派に転身したのか、突然味にうるさくなった。するとなぜか、化学調味料を敵視しはじめたのだ。

この前も、ふたりで中華料理を食べにいったとき、夫がふいに皿を前に、腕組みして唸った。「どのおかずも『味の×』の味がする」

どきーんとした。「味の×」こそは彼女が、今やそれなしには料理が成り立たないほど、日常的に使用しているものなのだ。

「そ、そうかしら。私はわからなかったけど」

何食わぬ顔をして箸を動かし続けると（比喩として変だな）、夫いわく「お前の舌は鈍感なんだ」。

次の日曜、夫は自分で味噌汁を作ると言い出した。はじめてのことである。

むろん化学調味料は使わない。代わりに山のように削り節を入れ、ひと煮立ちさせるや、金魚すくいのようにすばやく網ですくい取り、惜し気もなくゴミ箱に捨てた。

（あーあ）あまりのコスト意識のなさに、妻はげんなりした。自分で自分の手さばきに惚れ惚れしているようなのが、よけい憎い。

「どうだ、これがほんとうの味噌汁の味だ」

食卓で夫は胸を張ったが、妻はさめた気持ちだった。（そりゃあ、あれだけ削り節を入れれば、サルが作ってもそれなりのものにはなるでしょうよ）と。

一方で、妻は気づいていた。夫が火を止めるだいぶ前から味噌を溶き入れ、ぐらぐらと沸かしていたことに。香りがなくなるので、味噌は煮立たせてはいけない。これはもう料理一年生でも習う、鉄則中の鉄則である。

（うるさいこと言うけど、この人、やっぱり何も知らないのかも知れない）

ある週末、夫婦は福島に住む、夫の友人の家に遊びにいった。彼の妻は農家の出身だ。

お茶うけにナスとキュウリの漬物が出る。

「農家」という情報がすでにインプットされているせいか、夫はしきりに「うーん、これぞほんとうの漬物の味だ」と得意の「ほんとうの」を用いてほめ上げる。「いったい、これどうやって作るんですか」と尋ねた彼に、ほめられた奥さんは朗らかな声で答えた。

「ええ、それは、塩もみして『味の×』をかけるんです！」

男の料理は、女から嫌われる。『対岸の家事』の著者、南伸坊さんもそのへんはよーく知っていて、材料費無視、後片づけは妻まかせといった「男の料理」的なものではなく、「家計も後始末も視野に入れた」れっきとした「家事」に挑戦した。味噌汁作りから、洗い物、掃除、アイロンかけ、ボタンつけ、パンツの製作まで。

「一番のオドロキは、格別散らかさなくとも、掃除は毎日しなくちゃいけないらしいということ、おそるべき事実である」と「発見」し、主婦を楽にしたとされる掃除機も、各部をジョイントしたりアタッチメントをいちいちつけ替えたりがいかに面倒かに、また呆れる。その割に、家事はたいして評価も感謝もされない。「家事の負担」の問題が、夫婦間で表面化するのも、そのあたりに原因があるのでは、と。このへんは、日常的に家事をしている女性の側からいくら言ってもだめなところで、やはり伸坊さんが書くところに、説得力があるのだろうなあ。

家事指導にあたるのは著者の妻で、先生と生徒とたいへん息が合っており、それがこの本の、ほっとするところのひとつだが、微妙な雰囲気が漂う章がある。味つけの章。作りつつある料理を、ダレかが味見し、もう少し塩を加えたらどうかといった、サゼスチョンをしたらどうか？　自分の一部を批判された気がしてしまう、と。ダレかとは、誰か？　全然別の第三者かも知れないが。

けれども、ここでムッとしたのは、実はだいじなポイントだ。本のおしまいの方でも書いている。家事は「自分のやりかた」ができていてこそ、楽しい。そのやりかたが否定されるケースでは「やらされるもの」「しなくちゃいけないもの」になってしまう。そう、社会で言う仕事一般と同じだ、と。

十四のときから、男親にスパルタ式で家事を教え込まれたので有名なのが、幸田文。言わずと知れた文豪、露伴の娘である。幼いときに母を亡くし、その後にきた継母が「家事に劣っていた」ためと『父・こんなこと』に書いてある。その教え方と言ったら、ハタキの上げ下ろしから、雑巾がけのときバケツに入れるべき水の水位から、ほとんど姑のいじめなみ。しかも教養人、露伴だけあり、そのひとつひとつに「理屈」があって、娘もけっして逆らえない。

これを読むたび私は「昔の人はえらかった」とか「家でのしつけのだいじさ」を思うより、父の愛を得ようと歯を食いしばってついていく娘のいちずさが、哀しくなる。継母の無調法に苛立った父は、娘を呼びつけ、言い渡した「おぼえておけ、おまえのおっかさんにこういうとんちきは無かった」。そのとき、娘の胸にはひそかに、勝ち誇った思いがしなかったか。家事こそは、継母の入り得ない、父と自分と亡き母と三人きりの世界。家事指導を通して、父との関係を確認している娘の心が、切なくも痛々しい。

それに比べて、『文句があるなら、自分でおやりッ！』の沼野正子さんのは、幸田父子が卒倒しそうな、怠け家事だ。煮物の鍋を何日間も放置しカビをはやしたり、階段のすみには、長年のほこりの固まりが、錐《きり》か何かでほじくり出さねばならぬほど、しっかりと入り込んでいる（こういう人を私は好きだが）。

二十代半ばまで掃除も洗濯もいっさい母親まかせ、座ればご飯が出てくる生活だった著者が、結婚し、主婦と絵本作家と二足のワラジを履くことになった。以来三十数年間「どうやったら家事から手を抜けるかと」じたばたし続ける日々だった。一方で、こうも思う。自分のしているささやかな仕事は、たった今「やーめた」と言えば終わり。すると人生、残るは家事か。ようやく考える気になった。「いったい家事ってなんなの!?」と。

人生長い。男も女も社会における仕事からはいつかリタイアするが、衣食住の暮らしにまつわるあれこれは、ほとんど死ぬまでつきまとう。

家事を笑う者は家事に泣くのである。

あっぱれの住まいづくり

衣食住のうち「住」は、前はもっとも関心のない分野だったが、たまたまマンションを購入したのを機に、私は別人のようになった。ちょうど同じ頃、新居を整えている友がいて、その世界にはその世界の情報網のようなものがあるとわかり、「住」について突然のめり込み出したのだ。

私は歩いた。月島の倉庫街に英国中古家具を売る店があると聞いては行き、二十三区交通図を手に臨海高速鉄道に乗って、有明の家具センターにも足を運んだ。ふだんは都心へ出るのさえおっくうがる私が、都心をまたぎ越しての遠征だから、行動半径の広がりたるや、われながら信じられない。自分を内から衝《つ》き動かすものに驚きつつ、（今の私に比べたら、バーゲン会場に赴く女なんてかわいいものだ）と思った。

服部真澄さんの『骨董市で家を買う』には、同じ「憑《つ》かれた女」を感じてしまった。いや、こちらの方がもっとスケールが大きいな。何しろ家そのものを買うのだから。しかも、ふつうの家ではない。福井の古民家を東京に移築再生しようというのである。旅館でもソバ屋でもないのに、そんなことできるのか？

はじまりはほんの思いつきなのに、どんどんとりつかれていくのがすごい。予算をおさえるため、骨董商、建築家、工務店らとの四者会談を取り仕切り、鍛鉄《たんてつ》作家（鉄でドアノブなどを作るアーチスト。そういう職業があるらしい）の連絡先を調べて直接交渉する。ほんとうに自分の好きな家を建てるには、かくも格闘技並みのエネルギーを要するとは。変わったプロジェクトにかかわる仕事師たちだから、登場人物も、やたら個性的。予想外の事件の連続で……と書くとなんだか小説のようだが、まさに息を継がせぬ展開なのだ。

いちばんの工夫は、語り手を著者の夫にしたことだろう。こだわりがこだわりを呼び、家づくりの深みにはまっていく人々の姿を、一歩引いた視点から（夫は妻の暴走に常にブレーキをかけていた）書くことで、よりいきいきと（おどろおどろしく？）活写した。

それにしても、よくぞ完成したものである。頭の中にふってわいた着想を、粘りとときに離れ業でもって何が何でも形にする実現力に、小説家服部真澄のパワーをみるのは、読み込み過ぎか。

冒頭でふれたわが友は、著者の行ったのと同じ骨董市から、火鉢を抱えてほくほく帰ってきたが「あそこで家買った人いるんだよ」と教えたら、絶句していた。

ファミリーコンプレックス

「私、ブラコンの気《け》があるんだ」高校時代そううちあけた私に、同級生は言った。「わかるわかる、更衣室でもAカップは少数派だもんね」

そう、それが私の悩み……違うって。ブラジャーではなくブラザーコンプレックス。

その頃の私は「お兄ちゃん」がほしくてほしくて、しようがなかった。女友だちとの会話でも、「兄貴がさあ」なんて言葉が出ると、耳をそばだてた。こいつにも兄がいるのか。が、そういうやつに限って、服が共用できないだの、汚れた運動着といっしょに洗濯されてはかなわないだの、文句ばかり言う。

「あんたは、兄のいるありがたみを知らない」と言ったら「どういうありがたみ?」と言い返された。そりゃあ、小さいときからいつもいっしょで、私のことを誰よりわかっていて、ふだん喧嘩ばかりでも、いざというときはかばってくれて、ありのままの自分を受け入れてくれる人。

「そういう兄貴がいたら、お目にかかりたいもんだわ、はっ!」友人はせせら笑った。

ところが、ほんとうにいた。高校一年の秋、同級生の女の子とパーマをかけにいったのだが、そのときのこと。はじめてのパーマなので、彼女の家の知り合いだというところでかけることになり、駅からずいぶん離れた店へ行った。先にはじめた彼女が終わったのが、すでに七時過ぎ。次に私の番になる。と、ロッドを巻き上げたところで、表でクラクションの鳴る音がしたのだ。

「あっ、お兄ちゃんだ」彼女はそそくさと鞄をまとめ、私を置いてさっさと帰ってしまった。おかまの中にひとり残され、私は歯ぎしりをした。（なんという、友だちがいのないやつ）。ここはお前が連れてきたところなのに、夜も更けて、道もわからない。いったいどうやって帰れと言うんじゃ。

むろん、そのときの私の胸には、ジェラシーもあった。パーマごときのためにわざわざ、しかも車で迎えにきてくれるなんて、高校生には、限りなくやさしく頼もしい兄に思えたのだ。ああ、私にもあんな兄がいたら。

しばらくして、彼女が妙に落ち込んでいる。聞けば兄が結婚するのだとか。私は内心、ほくそ笑んだ。私の理想は、次のシナリオだ。子どものときから妹として育ってきた「私」は、思春期になり、喧嘩のとき取っ組み合うのに、ふとためらいを感じる。ほどなく「私」は、兄がほんとうの兄ではないことを知る。が、すでに彼には婚約者がいた（美人で意地悪で金持ちの令嬢だと、なおのこと盛り上がる)。が、彼もまたどたん場で出生の秘密を知り、愛する女性は妹だとわかって、両手を広げて迎えにくる……少なくとも彼女の場合は、そうでなかったわけだ。

が、兄そのものがいない私にも、そのシナリオはあり得ないと気づき、またもがっくりくるのだった。

渡辺多恵子著の漫画『ファミリー!』を読みはじめたとき私は、主人公の少女フィーと、兄のケイもそうだ! と勝手に思い込んだ。兄妹の愛から男女の愛へ。それを軸に家族の関係がどう変化していくかが、お話の中心なんだわ、と。が、その読みはあっさりはずれ、フィーの「ブラコン」も割と早いうちに克服されてしまうことがわかった。あとは、フィーと男友だちレイフとの友情がいつ恋愛に変わるかをタテ糸に、家族の巻き起こすさまざまな事件をヨコ糸に、物語が織りなされていくことになるのだが。

しかし、このレイフ、ケイの分身みたいなもんだな。いつもいっしょで、喧嘩ばかりしているけれど、誰よりフィーのことをわかっていて、ありのままのフィーを受け入れてくれる……書いていて思った、この「兄」の定義、そのまま「家族」にあてはまるではないか。

そう、フィーはブラザーコンプレックスならぬファミリーコンプレックスなのだ。誰にでもストレートな感情でぶつかっていくのも、人のことをほうっておけず、ついついおせっかいしてしまうのも、あまりにすてきな家族に囲まれているから。

思えば私も、理想の男性は？　との問いに、こう答えていた時期があった。恋人であり兄であり、弟、父、夫でもあってくれる人と。けれども、そんな人においそれとめぐり合わないことは、高校を出て十年の間に、思いきりわかってしまった。自分をまるごと受け入れてくれる人と出会う前に、まず「自分て何？　今のままの自分でほんとうにいいの？」と考えることからはじめなければならないのだ。

さまざまなできごとを通じて、フィーも少しずつ経験していく。その人のためによかれと思っても気持ちが通じないこともある、愛していても傷つけ合ってしまうこと、ずっといっしょにいたいのに離れていかねばならないときがあることも。その集大成と言うべき経験が、フィーの一家に居候として転がり込んできて、いつの間にか血のつながった家族同然になっている少年、ジョナサンとの別れだ。

フィーは知る。家族はひとつでも、人はひとり。それぞれが、自分の人生を歩んでいく。それでも、家族の絆は切れはしない。どこにいても、どんな生き方をしていても、私たちはファミリー。

そのことをわかったときが、ファミリーコンプレックスからの卒業だ。同時に、ひとりの男と女として、レイフとの人間関係を結ぶことができる。フィーとレイフを中心とするあらたな物語のはじまりである。

旅ゆく女たち

薬屋の奥さんから聞いた話。

彼女のひとり娘が、この春に北陸にある大学の薬学部に合格した。家は東京だから、下宿しなければならない。はじめて家を離れるにあたり、母も娘もそわそわした。店もあるので、必ずしもよく子どもの世話をしたわけではないが、少なくともひとつ屋根の下には、ずっと住んでいたのである。

知らない町のスーパーをふたりして回り、台所用品などを買い整え、準備ができて、「じゃあ、お母さんは帰りますからね」と振り向いたところで、(あれ?)と思った。娘が目に涙をいっぱいためている。ませているようで、子どもなのだ。

「しっかりしなさい」尻を叩いてその町を後にしたものの、電車がホームを離れると、彼女までなんだか泣けてきてしまった。

この秋に、彼女はふたたびその町を訪ねた。下宿には同じ大学という女の子三人が遊びにきていた。娘の好物、炊き込みご飯を詰めたタッパーを渡すと、「わあ、ごちそう。友だちにもあげていい？」。若い娘たちの朗らかな笑い声を聞きながら、彼女の胸を温かなものが流れていた。もう、だいじょうぶ。

次の日の昼過ぎ、娘と別れ、電車に乗ってから、途中駅の金沢で降りてみることを思いついた。夫は今晩、会合でいない。駅の案内所で宿をとり、温泉旅館に一泊する。こんなふうに、ひとりのんびり過ごすのは、結婚以来はじめてだ。

朝、近くを散歩していると、同年配の女性が、やはりひとりで歩いてくる。同じく旅の人のようだ。「どちらから」と言葉を交わすうち、「よろしかったら、帰りの電車の時間まで、ごいっしょしませんか。旅は道連れとも言いますし」。女ふたり兼六園を見学し、近江町の魚市場で、それぞれ夫の好きな干物を買い、市場の中の食堂で、丼ものを食べて別れたそうだ。

いい話だと、私は思った。半年の間に友だちができ、さびしがらない娘になったことで、長年の重荷を下ろした思いから、ふと寄り道をしてみる気になったのだろう。兼六園と近江町市場の食堂という、観光コースにあるところばかりなのも、初々しい。「旅は道連れ」などという古めかしいフレーズも、彼女のような人の口から聞くと、新鮮だ。

女が里帰りなどの用ではなく、あちこちを旅行するようになったのは、この二十年くらいのことではなかろうか。と思っていたら、柴桂子著『近世おんな旅日記』によると、江戸時代にも少なからぬ女性が出かけている。「主婦として職業人として」の生活の合い間に集めた、百数十点の旅日記を通じ、女たちが何を考え、どんな喜び、苦労を味わったかを、知ろうというもの。

旅だちの年は、五十代が圧倒的だ。「この年代になってやっと自分の人生を持ち、物事に積極的に取り組もうとする姿勢も強く感じられる」。お詣り、物見遊山だけでなく、学芸の修業の旅もある。儒教的な女性像からかけ離れた姿に、まず驚く。当時の旅は気力、体力、足がたより。たがいを助け、力を合わせる場面もあるだろう。「女三従の教え」的道徳が通用しない世界が、そこにある。

男の旅につきものの、色めいた戯れや乱痴気騒ぎはない。旅そのものを楽しんでいる。すれ違う人々、茶店や宿の女たちにもとらわれのない目を向けて、あるときは心を痛め、あるときは自らを省みる。封建制度でがんじがらめの世にあって、こんなにものびやかで、自由な精神を持ち得たとは。

「たった一度の人生をより良く生きていきたいとの願いから」日記を集めはじめたという著者。ものごとにすなおに感動し、少しずつ世界を広げていく、近世の女たちと重なる。

「昔にゃァ世間を知らん娘は嫁にもらいてがのうて」、結婚前の娘は旅をするならわしだったと、宮本常一著『忘れられた日本人』に出てくる老女は語る。聞き書きしたときの年などからして、明治半ばのことだろう。十九のときに女友だち三人で四国を回った。同じように旅する娘たちには、何組も行き合い、二、三日、道中をともにするのが常だった。歩くうち男の連れができ、夫婦になる者もあったという。

この言い伝えに、もっとはっきり性の意味をつけ加え、小説化したと言えるのが、村田喜代子著「木渡り木の宿」(『ルームメイト』所収)だ。女の子が十六、七になると「むすめ講」に入って、村々をめぐる旅に出る。月経がすでに来ていることがだいじで、そうでないと、参加できなかった。行く先々で、できるだけ多くの男と寝る。娘たちの宿に夜這いする資格のあるのは、若いひとり者の男に限られた。「むすめ講」は「女になる」通過儀礼であると同時に、婿探しの旅でもあったのだ。

初体験を経ても、娘たちはあっけらかんと旅を続ける。遠くへ来たことに気づくのは、野山で小便をするときだ。そのときだけ「心細くさびしい気持ちに襲われる」。このへんは、男性の著者にはなかなか考えつかないところだと思うが、女性は、尿ひとつするのにも、尻をまくるという、すうすうと薄寒く、かつ頼りないかっこうをしなければならないのである。

「旅」と「小便」のイメージは、同じ著者の『花野』でも使われる。「女の放浪ってね」五十を過ぎた主人公に言わせている。「こんなふうに遠い野の果てで、おしっこをすることじゃないかしら」。更年期の心と体の変調だろうか、主人公は「どこかへ行ききりになってしまいたいという、ふしぎな気持ちをつのらせていた」。夫と娘のある身には、かなわぬならば、せめて昼の間だけでも「遠くへ」行こう。そう思い、結婚以来仕事をしたことはなかったが、突然パート勤めに出はじめる。草刈り、道路工事、そして行商へ。

リュックに「登山ナイフとともに生理用ナプキンを詰めなければならないところに」「女の子の放浪の矛盾がある」と、主人公の娘。その矛盾から解き放たれた母は、体そのものが風の吹く野になったようで、寒々とした気持ちの一方、どこか身軽になった自分も感じている。

月経が永遠に来なくなった後のこの旅も、またひとつの「通過儀礼」として著者は描く。その先の野には、春夏のような彩りはなくとも、秋なら秋の花が咲いていることを、予感させるタイトルである。

II

夢をあきらめない生き方がある

私が保険会社のOLだったとき、同期入社の女性に、短大の英文科出身の美人がいた。彼女は常に、パンプスではなくハイヒールで、そのヒールたるや、高さ七センチはありそうで、なおかつ細い。まるで傘の先である。サンダルを履いているときそれで踏まれたら、間違いなく卒倒すると思われる。よくあれで、体重を支え切れるものだと、はたの者がはらはらするほどだった。

同じ短大出身の人によれば、

「あのヒールには理由があるのよ」

ヒールの女性は、実はスチュワーデス志望だった。航空会社を何社も受けた。が、

「背が足りないせいで、落とされた」

というのが、本人の弁とか。負けず嫌いの人なのだ。

再挑戦を期しての、ハイヒール。別にハイヒールを履いていたって、身長そのものは伸びるわけではないが、姿勢がよくなるし、何らかの効果があると、本人は信じているそうだ。

会社帰り、同じ電車に乗り合わせたことがある。すぐ前の私にも気づかず、スチュワーデス受験の雑誌を読みふけっていた。そういう雑誌があることを、彼女の姿を見て、はじめて知った。

本来、彼女はその姿を私に目撃されては、まずいのだ。なぜなら、私は人事部だったので。入社したものの、彼女は再受験の意志があるということであり、会社に知られては、何かとやりづらいのではないか。

むろん、私は黙っていた。会社のことだ、私なんぞが情報を提供せずとも、その気になればすぐ調べられるだろう。

彼女はやがて、会社の休み時間にも、誰はばかることなく勉強するようになった。常にイヤホンをして、リスニングのテープを聞いている。

「私は、いつまでもここにいるつもりはないのよ」

との態度がありありになってきて、しだいに、まわりの女性から距離を置かれるようになった。私は部署が違うので、もとから言葉を交わす間がらではなく彼女のことは、鼻につくタイプの美人だくらいの印象だったが、ヒールのわけを聞いて以来、気になっていた。

入社一年目の試験で、彼女はまたも落ちた。が、あれだけ周囲にばれまくりながら、少しも悪びれず堂々と出社してくる彼女を、私はあっぱれだと思った。目標を何も持たずに生きるより、少なくともかっこいいではないか。

二年目の途中から、彼女は別のビルにある部署に異動になったので、会わなくなった。

それから何ヵ月してからか、

「彼女が合格した！」

との噂を聞いた。日本の会社はだめだったが、外国の航空会社を受けまくり、香港に本社のあるところに採用された。夢をあきらめてはいなかったのだ。念願のスチュワーデスとして第一歩を踏み出すため、この春から香港のアパートに住むという。彼女に対し、心の中で喝采を送るとともに、

（私にとって、生きる目標って何だろう）

と、制服の胸に問うてみる、OL二十四歳の春だった。

困難をものともせずに

まわりの人によると、私はけして頑丈そうではないらしいが、どういうわけかインフルエンザにもかからず、花粉症もない。

「眼球をひっくり返して、剣山で掻《か》きたい」「鼻の穴からホースで水を流し込み、デッキブラシで洗いたい」などと聞くたび、

(そのつらさを、たぶん私はほんとうにはわからないのだろうなあ)

と思う。しかし、花粉症はなる人とならない人に分かれるのではなく、昨シーズンまで何ともなかった人が、ある年突然発症したりするそうだ。そうなったときはじめて、さきの比喩で言われていたところを、知ることになるのだろう。

話は三段跳びくらいしてしまうが、私のいとこはふたりガンで亡くなった。ひとりは母方で三十代の女性、もうひとりは父方で五十過ぎたばかりの男性。ふつうの主婦、ふつうの会社員である。病気のことは私はまったく聞いていなかったが、当人たちは承知ずみで、その上で、まるで「ふつう」をまっとうするかのように、何てことのない会話を家族と交わして

いたという。

相互に何の連絡もないふたりが、たまたま続いて、同じような亡くなり方をしたことで、私は少しくもの思いにふけった。自分が病気になったなら、彼らのように「ふつう」でいられるだろうか。今の私の性格は楽天的だと思うけれど、それもあくまで健康に支えられてのものかも知れない。ひとたび病気とわかったら、別人のようになったりして。というわけで、(もしも自分が……)をイメージしつつ、ひと頃かなり「闘病物」を読んだのである。

西田英史著『ではまた明日』は、ガンと知りつつ限られた日々を生きた点で、いとこたちのパターンともっとも近いものだった。大学受験直前に病気とわかり、放射線治療、抗ガン剤の投与を受ける。精神面のセルフコントロールから免疫機能を高めて、ガンをやっつけようというイメージ療法も試みた。それでも、無気力になるときがある。イメージ療法をしたって何の効果もない、生死などどうでもいい。

が、彼はそこにとどまらない。あとどれだけ生きられるか、それは誰にもわからないが、だいじなのは、今、何ができるか。浪人生の自分にできることと言えば、浪人生らしく生活する、すなわち勉強すること。その考えにたどり着き、彼は受験勉強を再開する。

結果的には、受験まで到らずに亡くなったのだが。

私はうなった。十八歳の青年が、よくぞそこまでの精神の高みに到達できたものだ。

そして、彼の思考の展開をたすけたのは、書物であるということ。文中から、彼が闘病中せっせと本を読んだことがわかる。闘病記や、思想書、自分の興味分野である物理や宇宙に関する本。私もやっぱり、本は読もう。

タイトルからして元気が出るのは、内田絵子著『メイド・イン・シンガポールのおっぱい』。夫の駐在先のシンガポールで乳ガンとわかり摘出。化学治療の副作用である吐き気などの症状も「この年でもう一度つわり気分を味わえるなんて、おめでたいことだわ」と、プラス思考で乗り切って、さらに乳房の再建手術に挑む。ドクターから希望の胸のサイズを聞かれ、SMLも値段は同じと知り、「ラージ・プリーズ!」。

私もこう前向きでありたいものである。そういう闘病を可能にした、シンガポールの医療も、たいしたものだ。インフォームドコンセントや痛みのコントロールがばっちりで、患者が主体的に病ととり組めるようになっている。

乙武洋匡著『五体不満足』は、すごく読まれている本だ。私ははじめ、書店で見たとき、こんなに売れるとは思わなかった。気にはなる本だったが、何しろタイトルと表紙がショッキングで、「こりゃ、読む方もかなりしんどい思いをしそうだな」とひるんでいた。手足がほとんどないような、車椅子に乗った青年が、横断歩道でにこっと振り向いている写真である。

それからしばらくして、書店にいたら、五十代とおぼしきご婦人がたが五人、賑やかにやって来た。「あっらー」「こんなに積んであるじゃない」「××さーん、あったわよー」。手に手に、レジの列につく。

「新聞によると、この子に愛と誇りを持たせたお母さんがえらいって」「そうよ、朗らかでいい子そうじゃない。しかもワセダよ」。どうやら「朗らかないい子の育て方（できればワセダ）」のヒントを得るつもりで、買うらしいな。本の読まれ方は、ほんと、いろいろだ。

（にしても、あの明るいノリで買えるとは、そんなにしんどい本ではないのかも）。聞き耳を立てていた私は、つられてレジに並んでしまった。

はじめは緊張ぎみに読んでいた私も、途中「ぐふ」と笑ってしまった。高田馬場駅で友だちと待ち合わせていた著者が、パンチパーマにグラサンの男に話しかけられる。「兄ちゃん」「はっ、何でしょう」「おめえも、たいへんだな」「へ？」「兄ちゃんを待たすなんて、太てぇ野郎だ」

家に帰ってヤクザに親切にされた話を母親にすると「そりゃ、当たり前よ。向こうはツメるといっても小指一本くらいだけど、あなたは全身でしょ。敬意を表されるわけよ」？？

なるほど、聞きしにまさる、肝っ玉母さんだ。

申し遅れたが、著者は先天性四肢切断で、生まれつき手足が超短い。が、おおらかな両親と、普通教育を受けたおかげか、チャレンジ精神いっぱいの、お調子者に育つ。高校でも「障害のある自分にできるか」などと深くは考えず、単純なあこがれから「アメフト部に入れて下さい」というヤツだった。

早大生になって最初の夏、彼に転機が訪れる。ボクはどう生きたいか。障害者。その三文字が頭に浮かんだ。それは「ボクにとっては驚くべきことだった」。これまで、障害者であると意識したことはなかった。いじめを受けたことも、やりたいことを制限されたことも。が、障害を持つ人間にしかできないことがあるとしたら、このままでは「宝の持ちぐされだ」。

この考えの筋道は、私の想像とはまったく違った。障害者であるがゆえの困難にいやというほど遭ってきて、それを克服するところからはじまるのではないかと思っていたが。障害とともに生きることに対する、とぼしい私のイメージを、オトタケ君は心地よく裏切ってくれる。

「好き」を続けて

もの書きは、出版社の人とは共同作業になるが、同じ仕事の人との横のつながりはない。と書いてから心配になった。そう断言していいのか。単に私がネットワークからはずれているだけであって、ちゃんと交流があるのだろうか。対談などを読むと、「この前、パーティーで誰々さんと会ったとき……」などのくだりが出てくるし。ま、他の人はどうあれ、私の場合、自分以外のもの書きの日常を知らない。

山本文緒さんの『かなえられない恋のために』は、主に恋愛に関するエッセイだが、ひとりの三十代、もの書きである女性の日常感覚があふれていて、私にはとても身近に感じられた。

著者は、若い女性を中心に読まれている小説家。私とはほぼ同い年で、OL生活を経て執筆活動に入ったという、プロフィール的な共通点は、知っていた。

小説『恋愛中毒』も読んだ。相手との関係に依存症的にのめり込み、それが原因で離婚した後も、同じ愛し方をくり返す女性の話。相手の心を奪う、自分以外の人間に、嫌がらせをするのだが、しだいに常軌を逸したものにエスカレートしていく。

（こういう精神病理を抱えた女性って、現代には多いかもなあ）

とテーマの選び方に、まず唸った。「恋は人を壊す」という書き出しのフレーズにも、どきりとするものがあった。

こういう小説を書くと、著者も「きっと、怖い人に違いない」と思われるであろうことは、想像に難くない。『かなえられない恋のために』は『恋愛中毒』よりも前の本だが、それによると著者はずっと「重い」「暗い」「ネガティブだ」と言われ続けているそうだ。

自分でも認めている。ものごとをうじうじと考え詰める癖があるそうで、「あまりにも考えすぎて、しまいには『キーッ』となり、すぐにでも白黒はっきりさせたくなってしまうのだ」。

こういうのって、「明るい」のと紙一重では？

私は逆に、「軽い」とは言われないまでも、「明るい」「ポジティブだ」とされる人間だ。

でも、山本さんのエッセイでは、「おお、同じ、同じ」と意気投合（一方的に？）することが多かった。ほんとうに似ているかどうかよりも、共感を引き出す文章の才ゆえだろう。

例えば、美容院などで職業を訊かれると、答に詰まってしまうという。「小説を書いてます」と言うと、相手は「夢のあるお仕事ね。いつか芥川賞でもとれるといいわね」。

「これはすごーく疲れる」と著者。わかる。私など、小説家ですらないのに、同じことを言われるときがあるのだ。ほとんど、柔道の選手に向かって「横綱になれ」とハッパをかけるようなもの。

でもしかし、著者はえらぶるのでも、必要以上に謙遜するのでもない。「才能があっていいわね」と言われるのがいちばんつらいと書いた後、「才能。この何とも恐ろしい単語」「そりゃ私だって、まったく才能がないとは思わない」「それでも、いつ仕事がこなくなるか、びくびくしている」。

好きだなあ、この正直さ。

へんに「いい人」ふうにも「悪者」ふうにもポーズをとらない。てらいのない言葉で、自分の生活と意見を綴る。そこが魅力だ。

小説を書きはじめた、そもそもの理由は、結婚願望とも関係しているようである。「結婚願望のかたまりだった」著者は、二十代半ばまでに、何人かの男性に結婚を断られた。その年ですでに、ひとりで生きる覚悟をしないといけないか、という状態だった。会社勤めはしていたものの、「長い人生の支えになるような仕事、独身でいても人様が納得してくれる仕事」をしたかった。「情けないんだけど、でもその頃は真剣に思い詰めていた」。実利的なようでいて、どこか間が抜けていて。でも、思い詰めたときの人間なんて、そういうものだ。

本書にはそうした、若い目がその年なりにとらえた人生の真実とでもいうものが、随所にちりばめられている。「狭い世界」も、その一篇。

２ＤＫのアパートにこもりきりで、知人の数も少ない著者は、ひと頃、自分の世界の狭さにコンプレックスを抱いていた。やがて気づく。短い人生の中で関わることのできる、限られた人や仕事、それらをないがしろにして、どうするのだ。「人は何事かを成すために生きてるんじゃない。何も成さなくてもいいのだ。自分の一生なんて好きに使えばいいのだ」と。

（そうだ）

と私は合点する。「何事かを成」そうなんて思わないこと。逆説的に言えば、それこそが、ひとつのことを続けるため重要なのでは。

（自分のしているこのことが、評価を受けるに値するか、認められるかどうか）

などといちいち考えていては、一歩も前へ進めない。好きだから、する。それくらいの構えでないと。

私もいつか、書くことではお金を得られなくなるかも知れない。が、そのときはそのとき。幸いにも収入を得る道と合致している間は、これを仕事にしていこう。何年続けられるかとは、今は考えない。

「あとがき」を読めば、このエッセイが単行本として出版されたのは一九九三年。七年が経っている。「あいかわらず、つまらないことでうじうじ悩む性格は変わらず、そして『作家』という肩書にいまだに居心地の悪さを覚えつつも、でも小説を書き続けている」と「文庫版あとがき」に記してからでも、もう三年。それだけ、もってきたってことではないの、すごいよ、山本さん！　と手を取り合いたい。

「好き」を続ける秘訣が、この本には隠されている。

生きるための力

子どもの頃、レナは「ママ」といっしょに妹の揺りかごを覗き込んだ。重い病気にかかった妹が、ユダヤの神への祈りが通じ命をとりとめたときの、ママの涙が忘れられない。愛情深い家族に囲まれ、幸せに暮らしていたレナ。戦争で一転、家族は別れ別れになり、レナは妹のダンカとともに、アウシュヴィッツに送られる。

レナ・K・ゲリッセン、ヘザー・D・マカダム著、古屋美登里訳『レナの約束』は、死となり合わせの日々から生還を遂げ、今はアメリカに住む女性の話を、アメリカ人のライターが聞き書きしたものである。

五十年以上も前の体験でありながら、昨日のことのように詳しい。収容所内のできごとの、読む方が苦しくなるほど細かい描写。そこから逆に、読者はなぜこの本が、今になるまで書かれなかったか、理解できる。

そこで体験したことの悲惨さについては、あらためて例を挙げるまでもないだろう。読者をひきつけるのは、その極限状況から、彼女がなぜ生還できたかだ。幸福な少女時代を過ごしてきた、二十歳そこそこの女性にとってはあまりに過酷な運命を、いかにして耐え、生き延びることができたか。

「すべてを把握するだけの賢さがなくてはならない」とレナは言う。危険な人物は誰か。スープをたくさんよそってくれる人は。エピソードからも、レナが類《たぐい》まれな観察力、判断力の持ち主であることがわかる。

が、三年余の長きにわたって、持てる能力を総動員し続けるには、何らかの動機づけが必要だ。それが、タイトルにもなっている「約束」だった。妹を必ず連れて帰ろうと、心の中で両親と固く交わした約束だ。

思い出すのは、収容所の体験記録の古典と言うべきV・E・フランクル著、霜山徳爾訳の『夜と霧』である。彼によれば、未来を信ずることのできなかった人間は、内的に崩壊し、身体的にも心理的にも転落していった。それに対し、未来や未来の目的へと、自らの目を向けさせる試みを、本能的に行った人々もいたという。「約束」は、まさにそれにあたる。

ほんとうは、レナも感じていた。ママはもうこの世にはいないと。けれども、そのことは考えまいとした。両親は生きて自分たちの帰りを待っている。「わたしたちは希望なしには生きられない。だからこそ希望がある」というレナの言葉は、フランクルが精神医学者の視点から書いたことを、裏書きするものと言えるだろう。約束どおり、妹とともに収容所を出た瞬間に、心の中のママとふるさとに別れを告げるラストシーンも、この文脈において、よりよく理解できる。

もうひとつ考えさせられるのは、人が人にとって「役に立つ」とはどういうことかだ。妹のダンカは、レナほどの「賢さ」がない。収容所の想像を絶する状況、どんなささいなことがきっかけで、理不尽な刑に処せられるかわからない緊張の日々の中でも、状況判断ができないことがある。そのたびにレナは自分の分のスープを妹と分けなければならなかったり、ときに命の危険にもさらされる。生きる上では足手まといではないかと、読者には思える。にもかかわらず「妹がいなければ、わたしは生き延びられない」と言い切る。

その人がいるだけで、他の人を支え、生きる力となることもある。いわゆる「有用」かどうかでは計り知れない、存在そのものの価値を、サブテーマとしてうたっている。

さまざまなメッセージを含んだ読みごたえあるノンフィクションだが、残念な点がひとつ。序章と一章の初めは、レナの過去の話と、ライターとのコミュニケーションが現在進行形で深まりゆくさまとが、交互にさしはさまれる。それが導入として効果的なときもあろうが、この本ではむしろ逆だ。レナが収容所に送られずにすむなら、とライターは思った、などのくだりは、言わずもがなである。一章の途中からは書き方が変わり、ようやくレナの体験にひき込まれることができた。

胃袋は今日も健康

この前の中国旅行では、もう二度と口にすることはないであろうものを食べた。と、人に言ったら、「あらー、いいじゃない、満漢全席?」と羨ましがられた。そ、そっちの意味ではなく、言葉は悪いが、ゲテモノの方。

ミャンマー、ラオスとの国境近く、雲南省の西双版納《シーサンパンナ》タイ族自治州で。タイ族の家を訪ねたら、生の魚のそいだのと唐辛子などを和《あ》えた、マリネのようなものを出してくれた。このへんは当然、海はないから、川魚。「メコン川でとれたて」と言う。

(ジストマが……)とひるんだ。彼らもその可能性は知っているらしく、「だから強い酒を飲み、悪い虫を殺すんだ」と言う。そんな、乱暴な。おそるおそる手をつけたが、今のところ私はまだピンピンしているので、「酒で殺す」は、ほんとうだったのか。

その旅では、カエルも食べた。店の定食コースに入っていたのだ。カエルは鶏に似ていると言われ、味としてはたしかにそうだったが、皮をむいて蒸鶏よろしく裂いてでもおいてくれればいいものを、まだら模様のまま、ぶつ切りして、炒めただけ。みずかきを「パー」の形に開いてひっくり返った姿が、「私はカエル」と雄弁に語っている。口にしたときは、旨いまずい以前に、ある一線を超えてしまった事実に、ぶるるっと身が震え、（あー、もうもとの私には戻れないのね）と思った。モモ肉はなかなかおいしく、あれでもう少し、元が何であるかをあいまいにしておいてくれればもっと箸が進んだのだが。

極めつきは、竹虫。竹の節に巣くう虫だそうで、見た目ははっきり言って、うじ虫そっくり。あの形のまま、四センチ大に長くしたと考えていただいていい。それを素揚げしてある。歯の間でぷちゅっとつぶれて中から汁が……と覚悟して食べたら、案に相違して、からっとしていた。揚げ春雨のような感じだ。

（結構いける）と思い、何回も口に運んだが、あの姿はやはり、食欲をそそるものとは言いがたい。人間、見た目は舌に影響するし、何をタブーとするかは、人それぞれだなと感じた。私が日本でも伝統的にいなごや蜂の子を食べる「虫食文化圏」の出身だったら、「清水の舞台から飛び降りる」級の決心は要らなかったかも知れない。

思い出いっぱいの旅行から帰り、小泉武夫さんの『地球を怪食する』を開いたら、なんと口絵写真に、ほかならぬ竹虫をくわえたご本人が写っているではないか。この一枚で、私はもう先生を他人とは思えない。ジャケットとシャツのチェック・オン・チェックも、すてき。

専門は発酵学、醸造学。ということは匂いのきつーいものを肴に強い酒を飲むのが仕事？と、シロウトは思ってしまうが、当たらずといえども遠からずのようだ。研究をはじめた頃のアダ名が「鋼《はがね》の胃袋」だったとか。この本ではその「鋼ぶり」がよくわかる。

二十余年の研究でチャレンジしたものは、例えばスウェーデンの、世界一の臭さで名を馳せる缶詰。原料はニシンで、生のまま缶の中で発酵させたものだ。発酵によって生じるガスのため、ぱんぱんに膨満しており、この「危険物」を取り扱うには、厳守すべき注意事項がいくつかあって、①必ず屋外で開ける、②捨ててもいい服か雨合羽を着る、③前もって冷凍庫に入れガス圧を下げておく。

そうまでして食べるのだから、人間の嗜好はすごいと思うが、鮒鮨やくさやを食する国の者が、人のことは言えない。

めずらしい食べ物ではないけれど、ドイツでひょんなことからソーセージ作りの夫妻と知り合い、家に招かれたエピソードが印象的だ。何ごとも恐れず、お手製ソーセージをたらふく食い、ドイツワインを飲みかつ歌う著者に、夫妻は感動、涙を流して別れを惜しんだとか。文化人類学者や民族学者が、土地の人と仲よくなるには、その土地のものを気持ちよく食べるのがいちばんと言うのは、なるほど、こういうことなのか。「快食」はまあるい地球を狭くする。

民族学者石毛直道さんが中国大陸を食べ歩いたのが『鉄の胃袋中国漫遊』。「鋼」といい「鉄」といい、人間の考える比喩は似ている。

何を食べるかはむろんのこと、「どのように食事をするか」にも関心があるようで、へビのぶつ切り炒めなど、珍食奇食の体験談に混じり、露店の鍋を囲む風景や、農家の台所、中堅サラリーマンのお昼ご飯なども、描かれる。そう言えば私も、雲南省の省都、昆明《クンミン》の町なかで「鉄板焼」の看板を掲げる露店を覗いて、驚いた。男たちが酒を酌み交わしつつ、ガスコンロの上のフライパンからじかに肉を食べていたのだ。

石毛先生の観察では、中国人はおかずには力を入れるのに、白いご飯の味が今ひとつ、と。同感だ。飯のかきこみ方の違いから、箸と箸づかいにまで筆が及ぶ。鉄の胃袋の先生は、こまやかな目の持ち主でもある。

「僕は自分の胃袋の丈夫さに感謝している」の一文からはじまるのが、考古学者森浩一さんの『食の体験文化史』。この先生は、一日三食食べたものを素材中心にメモし続け、四半世紀にもなる。家計簿をつけるのを何回も挫折している私には、それだけでいかにすごいか、わかる。

「継続」がこの先生の特徴のようで、この本のもとになった文章も、一回にひとつの素材をとり上げて、自分の体験と、昔の人はどう食べていたかの歴史や由来、さらに研究で訪ねた各地では、どんな食べ方をしていたかといった民俗学的要素を交えつつ、月刊誌に連載することを、四年半も「続けた」。

味噌を丸めたような味の浜納豆は、ご飯の上にぎっしりと敷きつめるように載せ、「しばらく眺めてから」いただく。ジャガイモはいろいろな食べ方で楽しんでいるが「これ以上書くのを我慢して前に進める」といった、ちょっとしたひとことから、いかにもうまそうなのが伝わってくる。食べ物のことを書くのは案外難しく、描写がくどくてもイヤ味だし、知識が過ぎても「頭で食べているのか」と言われる。その点、この先生がたは絶妙だ。何よりも、健康な食欲がすべての基本となっているのが、読んで、気持ちがいい。

御年七十の森先生は、四半世紀にわたる記録の整理にそろそろ着手せねばと思うそうだが、それには体力も大事、「やっぱりこれからもしっかり食べよう」と結んでいる。

一念、岩をも通す

「絨緞《じゅうたん》を替えたんだね」数ヵ月ぶりに家に訪ねてきた友人は、足もとに視線をやって、そう言った。居間のまん中、テーブルと椅子の下だけ、二畳くらいの大きさの絨緞を敷いてある。ついこの前、紺のものに替えたばかり。

前のは、紺その他数色を使った柄物だった。柄というのは、毎日見ていれば、やがて飽きる。すると、それまで何とも思わなかったこまかな部分まで、必要以上に目についてくる。柄が日に日にはっきりするようで、だんだんに違和感を覚えてくる。しかも、家のどまん中にあるものだから、逃れようがない。落ち着かない気持ちがつのる。

いらいらが極に達したある日、

(このままではたまらん。とにかく、いったん別のに替えて、心機一転を図ろう)

そう思い、購入した。地模様すらもない紺一色のものにしたところに、柄物にいかに懲《こ》りていたかが、現れている。が、家に配送されてきてから、たいへんなことに気がついた。テーブルをどうやって動かそう。

居間のテーブルは、英国製の中古品で、高価ではないが、大きさと重さだけはやたらある。買ったときも、屈強な若者がふたり、組になって、腕の力こぶをぶるぶるとふるわせながら汗水垂らして、運び込んだ。私ひとりでは持ち上げられないのは、あきらかだ。模様替え完成を目前にしながら、こんなところで、あきらめねばならぬとは。

そこで私は考えた。なんとか、持ち上げずにすむ方法はないか。

案出したのは、こうである。まず、もとの絨緞のはしにくっつけて、ダンボールを敷く。厚みが絨緞と同じになるよう、折り重ねて。そして、テーブルの下にもぐり、右側の脚に抱きつき、ずずずと引く。右側を五センチ、ダンボールに近い方へとずらすのだ。次は左で同じことを。右、左、右、左と微角度の腰振り運動をさせながら、少しずつ前進させる。絨緞の上という滑りのよさが、それを助けた。

ようやく、絨緞のはしまで来た。ダンボールの高さを揃え、段差をなくしたのは、ここに意味がある。同じように腰振り前進をくり返し、完全にダンボールの上に乗ったら、絨緞をくるくると巻き取る。あとはもう、おわかりだろう。次の絨緞を敷き、さっきとは逆向きの方向へ引いていくのである。

「で、結局ひとりでやりおおせたわけ?」驚く友人にうなずいて、「一念、岩をも通す、でしょ」と胸を張ったら「単なる、火事場の糞力じゃない」と言われてしまった。「一念」

云々の比喩は、もう少し意味のあることを成し遂げたときに使え、と。

そう言えば、小学校のとき「学習まんが」で読んだ中に、文字どおり岩を通した人がいた。大分県の名勝となっている青の洞門を掘った坊さんだ。年に何人もの旅人が命を落とす、難所中の難所、鎖渡《くさりわた》しと呼ばれる大絶壁に、向こう側へ通じる道を掘ろうと、鑿《のみ》と槌《つち》とで立ち向かう。まんがは劇画タッチだったが、一年経過したときの絵が印象的だった。坊さんは髪も髭もぼうぼうなのに、かんじんの穴の方は、座った彼の膝先がようやっと入れるくらい。背中には、依然広大な空があり、とんびがゆうゆうと舞っている。ほとんど進んでいないのだ。

長じてから、まんがのタネ本は、菊池寛「恩讐の彼方に」と知った。それによると、坊さんは実はもと武士で、主君の妻と姦通し、江戸を出奔したのだが、学習まんがでは、そのへんの「過去」についてはうやむやにされていた。

あらためて読むと、掘るべき全長は三町（約三百三十メートル）と、やや物足りない感じもする。最初の一年で掘ったのは、約三メートルとか。開通までは二十一年かかったので、単純に掛け算すると三×二十一で六十三メートル。けれども途中から村人や、父の仇討ちに来た主君の息子がいっしょになって掘りはじめたりするから（そのストーリーがあってこそ、「恩讐の彼方に」がテーマになる）、三百三十メートルはまあ、妥当な線だとわかる。小説を読むときは、結構そんなところが気になって、思わず計算してしまったりするものだ。

同じく江戸時代、十七年かけて全国を歩き回り、日本地図を作成したのが、伊能忠敬だ。この人も、石の一念でものごとを成し遂げた人として、子どもの本によく出てくるが、一念発起したのが五十歳過ぎということから、昨今では「定年後の生き方を考える」みたいな本にしょっちゅう登場するようになった。

この人は記録魔で、五十一冊もの旅日記を書いたとか。渡邊一郎著『伊能測量隊まかり通る』では、それらをたんねんに読み解き、測量の実像に迫る。道中のトイレはどうしたか、何を食べていたかなど、かなりリアル。ひとりてくてく行脚《あんぎゃ》するといった野ざらし紀行的なイメージとはだいぶ違い、幕府天文方御用測量として、各藩の接待を受けながらのものだったとわかる。

このエッセイを書くために、あらためて図書館から借りてきたが、頭から読んでいくと、はじめの方のページには、鉛筆でやたら線が引いてあり、うるさいくらいだった。が、四十ページほどではたととまり、あとは何のしるしもない。どんな人が借りたか、わかるようだな。「第二の人生、伊能に学ぼう」の高い志で読みはじめたものの、割とあっさり挫折したに違いない。

伊能の地図を、喉から手が出るほどほしがったのが、鎖国時代、オランダの医師としてやって来たドイツ人シーボルト。秦新二著『文政十一年のスパイ合戦』によると、この人はたいへんな収集魔で、厠《かわや》で使われていた落とし紙まで、「大名用」「町人用」などに分類、保存していたという。

この人が知り合いの日本人に宛て、地図をもう一枚作るよう求めた手紙のしつこさは涙ぐましいほどで、一枚目の礼を長々と述べつつも、やれ北を上にせよの、山や川の名も入れよのと、うるさく注文をつけたあげく、「あなたの親愛なる友」で結んでいる。一方で、日本人から借りた本のほとんどは返さなかった。「友」を自称する者はこわい、の典型である。

この二枚目の地図の行方を追って、著者は何年もかけてオランダじゅうを探し回り、ドイツにあるシーボルトの子孫の城で、ついにみつけた。シーボルト研究上の新発見だったとか。

この著者もまた「一念」の人である。

芋っ子のくれたもの

この本は、はじめ表紙だけ、広告か何かで目にした。影山光洋による写真と文の『芋っ子ヨッチャンの一生』。二歳くらいだろうか。体の半分ほどもあるサツマイモを肩に抱え、大喜びの男の子。まさに「芋っ子」だ。

表情があんまりいいので、そこだけ切りとって、おりにふれ眺めた。一枚の写真にひかれるとは、こういうことかと思った。次に書店に行ったとき、ぜひとも見よう。

今の子はサツマイモでこんなに嬉しがりはしないから、戦中か戦後のことに違いない。セーターの袖口も、着古したようにほつれている。貧しくても、明るくたくましく生き抜いた子どもの写真集。そういう本ではないか。

「一生」とあるのが、気にならなくもなかった。ひとりの人を五十年も六十年も撮ることなどできるのだろうか。

書店で本の帯を見たとき、謎は解けた。ヨッチャンは、なんと五歳で死んでしまうのだ。

(こんなにかわいい子が、どうして?)と読む前から力が抜けてしまうようだった。

昭和二十一年、四人兄弟の末っ子に生まれたヨッチャンが、栄養失調で亡くなるまでを、記録写真家である父が撮り続けた本だ。「七五三」「東京見物」。もうすぐ死ぬことをわかっている読者は、楽しそうであればあるほど、つらい。元気だったヨッチャンが小さな骨壺になってしまったときは、（はーっ）とため息がもれた。

仲のいい家族に囲まれて、短くても幸せな一生だったと思いたい。

また考える。戦争とそれに続く貧しさがなかったら、もっともっと生きられたはず、と。家族の記録は、すなわち時代の記録である。

食べるのに困らない時代に生まれたことをありがたいと思い、しっかりと気を入れて生きていこう。そしてもう二度と戦争はしてはいけない。ページをめくるたびに、ヨッチャンは、そのことを思い出させてくれる。

願いは必ずかなう

長い長い旅物語を読んだ気分だ。ずっしりした量感を持つ人生にふれた思いがする。イリーナ・パンタエヴァ著、河野万里子訳『シベリアン・ドリーム（上・下）』。おそらく三十年ぶんくらいでしかない、ひとりの女性の伝記なのだが。

生年は書いていない。バイカル湖に近い、ウラン・ウデという小さな町に生まれた。一九九五年のニューヨーク・コレクションで、いきなり二十二ものショーに出演、アジア系として初のスーパー・モデルとなった。いったい何が、どんな力が、シベリアの片すみから、輝かしいファッションシーンの中心へと連れ出したのか。

民族としては、ブリャート族。祖父母の昔語り、何世代にもわたって歌い継がれてきた歌により、「生と死の永遠の循環」「大自然の無限の力」を感じて育った。美しい訳出が、ブリャートの伝統文化のゆたかさを伝える。モデルとしての飛躍を早く読みたい人にはもどかしいかも知れないが、土台はシベリアでの少女時代にこそある。

学校に上がるや、ソビエト人民の一員として歩みはじめる。が、思春期に入り、疑問を抱いた。自分の将来は、党の、社会の敷いたレールの上にしかないのか。

ファッションに興味を持つようになった彼女は、同じ町でデザイナーをしている女性と出会い、わかった。「ソ連で夢を持つことは、容易なことではない」「それでも夢を持ったなら、常にそれをしっかりと抱きしめていなくてはならない。そんなものは打ち砕こうと、あらゆる手段で向かってくる社会に対して、守り抜かなくてはならないのだ」

条件は出揃った。闘う意志。どんな状況下でも、自分らしくあろうとする強さ、誇り高さ。歴史が先に動きはじめる。ペレストロイカ、次いでソ連の崩壊。壁は外側から破られた。同時にそれは、若い女性が夢を貫くには、あまりに暴力的な激動のただ中に、放り出されることだった。マフィアとドラッグがいたるところに罠《わな》をしかけるモスクワで、ともにモデルをめざす仲間は、売春婦に堕ちていく。

混迷のロシアを後に、パリに向かった。が、当時は、黒人のモデルがようやく数人出はじめた頃で、アジア系はほとんど認められていなかった。ようやく得た、シャネルの日本ツアーの仕事でも、日本側から「バイカル・イリコ」なる妙な名をつけられ、白人モデルとはギャラに差があったというくだりは、同じアジアの女性として、恥ずかしい。

旅は続く。パリからニューヨークで。そこで、冒頭に書いたような転機があり、前の週パリで家賃の心配をしながら過ごしていた娘は、全デザイナーから指名を受け、モスクワで別れ別れになった恋人ともドラマチックに再会、結婚へ。苦難の道のりをともに歩んできた読者には、じゅうぶん過ぎるほどのカタルシスだ。

成功の節目節目で、自分と自分を取り巻く現実とを、宇宙の高みから見下ろすような記述が出るのが、興味深い。「陽は昇り、星々はまたたき、風や雨は大地を撫でていく。その中で運命が、わたしにほほえみかけようと、決めてくれたのだろうか」「わたし自身が、特別な人間というわけではない」「ただちょうど、歴史の転換点に居合わせた」

大きな流れの中に「今」を位置付けて考える、ブリャートの精神性ともいうべきものが、彼女に方角を迷わせず、夜の航路の星のように、たしかに導き続けてきた。そしてそれがアメリカ人の目には「神秘」とも他のモデルにない「個性」とも映ったに違いない。

伝記と知らなければ、こんな人生があったとは、おそらく信じられなかった。しかし、ほんとうにあったのだ。世界はときどき、誰かを通し、生きることに秘められた限りない可能性を思い出させてくれる。

自分の翼で飛び出そう

ある人の作品をはじめて読むとき、その人の顔を知らない場合が多い。今生きている著者だと、出版広告に顔写真が載っていることもあるが、なるべく目にとめないようにしている。読む前に、固定したイメージを持ってしまうといけないので。

考えてみれば、自分も書く方として、写真が掲載されることがあるから、うーむ、難しいところだ。販売のプロである出版社の判断に任せているが。

そうした私の読書習慣の中で、篠田節子さんはめずらしく「顔」から入った人だ。

それまでも、痩せた感じの人だとは、知っていた。が、ある夜、偶然テレビを通し、喋る篠田さんを見た。

その日はずっと家にいて、NHKのニュースをつけながら、夕飯のしたくをしていた。味噌汁、焼き魚、小松菜と油揚げの煮物を盆に載せ、台所から居間に入ってくると、画面では、切れ長の目をした女性が、マイクの前で何ごとか答えている。

「お忙しい中を、貴重なお時間を割いて、お話を聞かせて下さったOLの方々にお礼を申し上げたいと思います」

そんな内容のことを、礼儀正しく語っていた。何のことやらちんぷんかんぷんだったが、やがて、篠田節子さんであること、直木賞に関するニュースで、今のが受賞の言葉なのだとわかった。受賞作は『女たちのジハード』、ＯＬが主人公で、取材に応じてくれた人たちへの感謝を表していたのである。

その口調に、私はとてもひかれてしまった。

直木賞といえば、小説を書く人にとっては大きな賞だ。欲しいとは思っていなくても、人間、「候補になりました」と言われれば、落ち着かなくなるものだろう。かなりのプレッシャーの中で、自分を律してこなければならなかったに違いない。

が、画面の篠田さんは、興奮するわけでもなく、「別に賞なんか貰っても貰わなくても関係ないんだ」みたいに、ワザとらしくさめたふりするわけでもなく、たんたんと、かつていねいに、協力者に対して礼を述べていた。なかなかとれる態度ではない。

（すごい人だ）

もの書きである前に、社会人としての常識をわきまえ、なおかつ、しっかりと自分を持った「大人の女性」という印象だった。同時に、

（顔だちから、線の細そうな人だと思っていたけれど、仕事の仕方や性格は、実はすっごい

骨太なんでは？）

とも思った。

さっそく、読んでみることにした。読書には、こういうきっかけもアリなのだ。

当の小説は、中堅保険会社のＯＬ五人が主人公である。

五人のタイプはそれぞれだ。

条件のいい結婚をしようと、策略をめぐらす、美人で賢いリサ。総合職への転身をめざし、一般職で入ってきたが、会社での将来に見切りをつけ、英語で道を切り開こうと、悪戦苦闘する紗織。有能なＯＬでありながら結婚で退職に追い込まれ、それを機に別の仕事をはじめるみどり。自活能力ゼロだけれど、男に依存して生きる才のある紀子。男性の補助的業務を十年以上続けてきて、マンションを買おうと思いたち、競売でゲットする康子。

性格づけがはっきりしていて、わかりやすく、なおかつ作りものめいたところがない。

（あー、こういう人、私のＯＬ時代にもいた、いた）

と、うなずける。

「食事をして三千円、軽く飲んで二千円。往復の電車、バス代で千円。それが、仕事が終わった後に女の子同士でちょっとおしゃべりするのにかかる最低金額だ」

などのさりげない一行も、取材のたまものなのだろうなと、テレビで礼を述べていた姿を、重ね合わせる。こういう細部をゆるがせにせず、確固たるものを積み上げる仕事の仕方が、リアリティを支えるのだろう。手を抜かない人なのだ。

五人をめぐる男性の登場人物も、話し方や、表情、肉づきまでも、目に浮かぶようだった。

かけひきあり、欲望あり、話としては結構生々しいし、女が五人もいれば、ひとりくらいは、生理的に受けつけない人が出てきそうなものだが、それはなかった。

五人とも、性格も生きる目的も違うけれども、それぞれに愛すべき頑張り屋なのだ。夢に向かって、何度も助走を試みては、やり直す。滑走路ががたがただったり、障害物があったりして。

背景に感じるのは、

(企業は、やはり男社会だったのだな)

と。バブルの頃こそ、女たちのパワーがもてはやされたが、経済がしぼめば、居場所などアッと言う間になくなってしまうのだ。だから、別のところへ飛ぶしかない。そして、その方向や翼の動かし方は、誰も教えてはくれないのだ。ひとりひとりが、自分でみつけていくほかは。

つまずきながらも、ようやく地面を足で蹴り、はばたきはじめた五人。読んだ後、私は心から応援したい気持ちになった。そして、篠田さんの筆にも、同じような愛情が込められているのを感じたのだった。

III

広い世界にあこがれて

仕事で神戸から上海行きの「鑑真号《がんじんごう》」に乗ったときのこと。客はそれほどおおぜいではなく、甲板でなんとなく顔なじみになるくらいだった。

中国人は、関西方面に勉強や仕事で来ている人が多かった。日本人の大半は、若者。「鑑真号」は、かつてのシベリア鉄道のように、これから長い放浪をするバックパッカーにとって、旅の入口だったのだ。

その中で、ひとりの男の子が目についた。

二十歳くらいの青年だが、男の「子」と言いたくなるのは、自分の年齢との比較だけでなく、あまりに初々しい彼のいでたちのためだ。新入社員が紺の背広に身を包むのと同じように、このためにあつらえたらしきバックパックとおろしたてのジーンズで、いかにも旅のフレッシュマンといった感じ。「切りだめ」をしたのか、散髪したての頭で、明るい興奮に顔を輝かせていた。つるぴかの表紙の『地球の歩き方』を常に携帯し、「旅においては、いろいろな人とふれあわなければならない」との使命感からだろう。出港早々、私にまで「ニイハオ」と中国語で話しかけてきたりして、あくまでも「正しいバックパッカー」を実践しようとするのだった。

彼の語った計画によれば、このあと上海から列車で香港に出る。インド、ネパールと回り中国に再入国して、揚子江を下ってきたのち、再び船で神戸へ。

「日本に帰るのは一年後くらいかな。一年なんて、旅としては短い方でしょうけどね。八八八」

笑ってつけ加えることを忘れなかった。

上海へは二泊三日の船旅だ。二日めの昼過ぎアナウンスがあった。「上海からの鉄道切符を船内でご手配いたします」

私は上海に用があるので、切符は要らないのだが、

（へえ、そんな便利なサービスがあるのか）

と思わず事務所に見にいくと、ちょうど切符を財布にしまいながら来たフレッシュマン氏と出くわした。

目が合うと、彼はなぜかどぎまぎし、こちらがひとことも発しないうちに、くどくどと言い訳しはじめた。

「いや、その、ほんとうは頼みたくなかったけど、先が長いから、香港にたどり着く前の段階で失敗したくなかったから」

返す言葉を失った。「ほんとう」も何も、旅なんて、それぞれの仕方ですればいいのである。彼の場合、「旅はこうあるべき」との思い込みが激し過ぎ、

（はじめから、そんなに気負って、続くのかしら？）

と逆に心配になるのだった。三日目に上海港で別れたが、あれから彼はどうしたものやら。

一般に男性は、異文化に対する精神的緊張が強いのだろうか、仕事で男女数人ずつで長滞在しても、食欲が落ちず、いつまでもばくばく食べ続けるのは、決まって女たちである。順応性が高いといおうか、神経が太いといおうか。

そんな旅先でたまに、肩に力を入れず、えらぶらず、たんたんとものごとを受け止めている感じの人に出会うと、

(この人、この地で、何か自分なりの世界を広げつつあるのだわ)

と、かえって印象的だったりする。

アジアを旅して二十年

アジアが好きで、アジアの旅行記を読んだことのある人には、下川裕治さんのことを、あらためて説明するまでもないだろう。私が数えあげられるだけでも二十冊以上の著書があるし、責任編集として名を冠した本も多い。

私も下川さんの本によって、アジアをずいぶん旅した気になったひとりである。屋台のビールに少し酔い、水中花のようなネオンのにじむ夜の路地裏を歩く。羨ましさに胸をしめつけられることもある。こういう旅ができたら、どんなにかいいだろう。

ひとつには、私が女性だからかも知れない。「私はカモです。ネギをしょって来ました」と顔に書いてあるような日本人女性（私のこと）が、とろとろ歩いていたりしたら、いいようにむしられてしまうに違いない。そう思い、いつもどこかで構えていた。

もうひとつは、言葉だ。下川さんはタイ語が話せるので、バンコクに着いてすぐでも、

「やあ」と昨日の続きのような感じで、現地の人と言葉を交わすことができる。

風景の中に溶け込み、いるかいないかわからないような人になれる。旅人にとっての理想である。なかなかそうはいかない私は、せめて本の中で、熱帯の夜にどっぷりと身をひたしてきた。

それが『アジアの旅人』では、小さな悲鳴を聞いたように思った。悲鳴というのは、おおげさかも知れない。たまった疲れ、心のきしみとでも言おうか。

著書が売れてくれるのは、ありがたくはあるけれど、バンコクの空港で入国審査の列にいるとき、飛行機の中で自分の本を読んできたという日本人に声をかけられ、とまどいを覚える。

自分はどうして、こんなところへ来たのだろう。流れ流されこうなっているけれど、ここがほんとうに、自分にとって居るべき場所なのか。そんな思いが、下川さんの中で積もりつつあるきしみを聞いたような気がしたのだ。昨日や今日アジアを歩きはじめたわけではない、二十年にもなるのである。

下川さんが四十二歳であることも、その本ではじめて知った。それまでは、私にとって下川さんはいわば「永遠のバックパッカー」で、何歳かなんて考えたこともなかったのだ。(「アジアを書く人」であることが、つらくなっているのかも知れない)と思った。あるいは旅そのものに出かけなくなってしまうのでは。それは、下川さんの本を通じてアジアの空気を吸ってきた私には、さびしいことだ。

けれども、その後また本が出版された。『アジアの友人』。ほっとした。そのことを何より先に記したかった。

下川さんがどんな二十代、三十代を過ごしたかは、これまでの本で、少しずつ知っている。大学卒業後、会社勤めを経験したが、三年で辞め、旅に出た。フリーライターとして働いた後、バンコクに語学留学、東京には妻がいたが、帰国後、離婚する。再婚後は、千円にも事欠く生活からのスタートで、お金のため旅の話を書くようになった……そうしたいきさつが、アジアの風景の間にはさみ込むように、断片的に語られていた。

この本では、そのときどきの内面に、より深く入り込んでいる。

二十代の頃「わけもわからない閉塞感のなかで僕はアジアに向かった」「三年間勤めた新聞社を辞める前、僕は航空券とザックを買った」「あの頃の僕は、まだ迷っていた」「月給分ほどの高い金を払えば、決断ひとつできない自分の尻を叩けると踏んだのに違いなかった」。

けれども、戻って働きはじめれば、またしても閉塞感にとらわれる。「フリーランスでいながら会社の論理に組み込まれていくことへの疑問もあった」

そうした日々の中で、週二回タイ語を習いはじめる。仕事とはまるで関係ないことをすることに、救いを感じた。バンコクに留学したのも、仕事や家庭から離れたい気持ちが、どうしようもなくつのっていたためもある。そして今、さまざまなしがらみや責任から逃れられるはずの旅そのものが、仕事となって……。

そう、旅は行きっぱなしというわけにはいかない。そのときだけ、住所不定、無職の自分になれたとしても、いつかは帰ってこなければならないのだ。解決すべき問題がぎゅうぎゅう詰めされている現実のただ中へ。

下川さんの二十年も、ただ身軽な旅人として、気の向くままにアジアを漂っていたものではなかった。むしろ、日本人に典型的な「生きることの重さ」を感じる。

社会に出た第一歩を、給料取りとして歩みはじめ、はたの人にはわからないかも知れない小さな挫折を、自分の中に抱え込んでいく。仕事とは何かの悩み。人間関係におけるつまずき。まじめにものごとを考える人だから、よけいにそうだろう。そうした著者の勤勉さのようなものは、今現在の悩みにも現れている。

だからこそ、と言うべきか、新橋の小さな店で、仕事相手と飲む著者の姿も、読者はすんなり受け入れられる。「会社を辞めようかと思って」とうちあける相手に、「フリーランスは辛いですよ」とありきたりの応じ方をしながら、(来月の収入もわからない暮らしを味わってみなさいよ）と内心舌を出している。

旅にいるときとは対極の、東京のどまん中の酒場でのせちがらい心の動きだけれども、読んでいて違和感をおぼえない。著者の人生そのものへの共感があるからだ。

下川裕治を通してアジアを読んでいたのから、アジアをとっかかりに「下川裕治」を読む。そういう作家に、私にとっては、いつの間にか、なっていた。

この本で、わかったことだ。

さて、アジアとの行き来をくり返していた下川さんに、つかず離れず寄り添ってきたのが、タイトルにもなっている友人たちである。

タイ人のピャック。実の妹たちにまで「どうしてピャックなんかに会いたいの？」と呆れられるくらい頼りない男だ。日本に不法滞在し、ホステスのヒモのような暮らしという、なんとも危うい立場だったけれど、彼といると、著者は心がなごむのを感じた。ちょうどその頃タイ語を習いはじめたのも、「ピャックの示した人生のようなもの」へのあこがれからだったという。

今、自分を楽にしてくれるはずだったアジアが仕事になってしまったという矛盾に、安らかならぬ日を送る中で、思い出すのは、彼の笑顔だ。ピャックに会おう。彼に会いに、バンコクへ行こう。

そして彼のひょうひょうとした身の処し方に、教えられる。

(こんなふうにも生きていける)と。

むろんピャックは、ただ受け身で流されてきたわけではない。中部タイのウタイターニの田舎をあとに、日本にやって来て働き、バンコク郊外の新興住宅地に家まで建てた。なのに、あっと言う間に文なしに戻り、今は道ばたの物売りだ。著者より八つ年上というから、五十になってからの再スタートだろうが、彼の笑顔は変わらない。人生はいつからでもやり直せる、どこからでもまたはじめられると、著者に語りかけてくるように。

在日朝鮮人仁和《ひろかず》とタイ人ミカのエピソードもある。繁華街の焼き肉屋の店長と、客として通ってきていたホステス。ありがちな恋愛に終わらせないためには、あまりにも障害が多かった。

けれども彼らは、ひとつひとつクリアしていった。不法滞在のままでは入籍できない。ミカをいったん帰国させ、仁和がタイの日本大使館に出向き、ミカにビザを発給するよう頼む方法を選ぶ。が、日本国のパスポートがとれない仁和には、タイ入国も日本再入国も、わずらわしい手続きが必要だ。朝鮮籍で海外に出ることがいかに面倒かを知った彼は、韓国籍を取ることを決断する。そのために「母国訪問団」にも参加した。諸々を終え、タイの日本大使館で、ミカのビザ申請書の「渡航目的」欄に「結婚」と記したとき、その二文字は、彼らの目にどんなに誇らしく映っただろう。

当たり前のことだが、人はひとりで年を重ねるわけではない。下川さんの二十年には、常にこうしたアジアの友人たちがいた。人生の重さにときに押しつぶされそうになる著者に、彼らはやさしさとエネルギーとを分け与え続けてきたに違いない。枠組みを外れた、あるいは自ら乗り越えていく生き方を、身をもって示しながら。

こうした友人たちがいる限り、アジアには下川さんの居場所があり、必ずやまた旅に出かけていくだろう。そう思い、読者のひとりとして、ほっとするのである。

胡同《フートン》と呼ばれる路地で

この本の表紙を見たとき、私は目を疑った。中国の徐勇《シュウヨン》による写真集『胡同』。まったく同じとしか思えない場所を、同じ角度から眺めたことがある。人ひとり通れるか通れないかくらいの路地の入口。停め置かれた自転車。

既視感にとらわれるのは、私だけではないだろう。北京を訪れ、都市の示す近代化の様相に倦み疲れ、歴史のあるいは社会の深部へ分け入りたいと願った外国人なら、誰でもこういう入口に立ったことがあるはずだ。

胡同。それは元、明、清の三代を通じて形成された、昔ながらの路地である。北京の伝統的な家は、四合院《スーホーユエン》というつくりをしている。中庭を囲んで、東西南北四棟の家屋が向かい合い、外と通じるのは、壁に切りこまれた門だけだ。胡同とは、その四合院の壁と壁の間の、細く入り組んだ通り道なのである。

市内には今もなお四千を超える胡同があるといわれ、そこには市の人口の半数の人が住み、何百年と変わらぬ暮らしを続けている。その門は閉ざされているため、容易に覗きこむことはできない。そしてまた東西南北を何重もの壁に囲まれていた北京城のつくりそのものも、ひとつの巨大な四合院といえる。すなわち胡同は、この都市の時間的、空間的重層構造を読み解くためには、すすんで迷いこまなければならない迷路なのだ。

この本におさめられた胡同の写真百一点には、そうした奥行きが実によく表現されている。人は出てこない。風景と物だけだ。一点一点が、静物画のような世界を形づくっている。

私ははじめ、外国人の写真家によるものかと思った。近代化のただ中にある中国では、新しいもの、進んだもの、きれいなものをよしとする価値観が支配的で、ここに写されたようなものは、古いもの、遅れたもの、汚いものとして顧みられないのが常だからだ。この人の胡同のとらえ方は、ノスタルジーというよりは、むしろ外国人の目に近い。すなわち彼は、中国の社会の中に生きながら、社会の外からの視線も、同時に獲得している人なのだと思った。

最後の一点にだけ、胡同で生活する人々が出てくることは、評価が分かれるところだろう。むろん、なくても成り立つ。が、おそらく作者はそれを入れることで、胡同は過去の遺物ではなく、生きられる現在であることを、明らかにしようとした。そして、人を正面から物のように撮ったため、この本の静けさを破らなくてすんだ。百一点と、最後の一点だけ付け足しとなっても許される点数に、あらかじめしてあるのも、考えられた構成だ。

彼の写真は、これまでの中国の宣伝的写真とは一線を画している。芸術全般がそうであったように、中国では写真もまた、長いこと政治宣伝のためのものだった。一九七六年文化大革命が終わり、開放の時代を迎えた時、写真もたしかに新時代には入った。が、私の見た多くのものは、ことさらに露悪的であったり、新奇なものこそ芸術であるといわんばかりに、奇をてらっただけであったりした。つまりは開放そのことを表現するだけでせいいっぱいだったのであり、その点でまだ、宣伝写真を超えるものではなかったともいえる。

彼のような写真家の登場は、開放後十数年が過ぎた中国の写真界に、新たな動きが生まれてきていることを感じさせる。

この本が一九九〇年に中国で出版されたとき、読者となったのはほとんどが、北京に住む外国人だったという。政府は歓迎していない。政府が撮ってほしいのは、高層ビルや立体交差の道路など、中国がいかに進んでいるかの写真だからだ。

天安門事件の直後に撮影したこと、政府の喜ばないものをあえて写していることをもって、彼を反体制の写真家と見る向きもある。が、それは正当な評価ではない。

彼は社会の悪い部分を写し出してみせようと、時代のアンチテーゼとしての胡同を撮るのではない。胡同の現在に焦点を合わせることによって、社会全体を被写界深度の中におさめようとしているのだ。写真の前後に書かれた文章は、彼の歴史、文化への理解の深さを示している。そして過去から未来へと続く流れの中で、自分の写真を位置づけようとしている。

彼の営みは、社会的ではあるが、政治的ではない。政治的文脈から離れたところで語るに値する、作品集といえるだろう。

北京から遠く離れて

北京は古い町だ。

劉岸麗《りゅうがんれい》著『風雲北京』の物語のはじまりは、胡同と呼ばれる昔ながらの路地。その一角の祖母の家で、著者は育った。町のまわりは高さ十数メートルの城壁に囲まれ「城門は天井が高くて、風通しがよいから、真夏に近所の人々はここで将棋をさしたり、トランプをして納涼したものだ」。

著者が幼い頃は、町はこんな落ち着いたたたずまいをしていた。けれども読者は、帯や目次により、この本が文化大革命の回顧録であるとすでに知っているから、人々がくつろいでいればいるほど、緊張する。この風景は、いつ破られるのか。

一九五四年生まれの著者が、十五歳で「毛主席の呼びかけに応じ」「生産建設兵団」の「戦士」として、辺地へ旅立つまでを書いた。「新中国成立以来、もっとも激動の時代」に少女期を過ごし、大学で日本語を学んだのをきっかけに、日本に留学、現在は日本の大学で中国文化を教えている。「日本人にもっと中国人としての私を知ってもらうため」日本語で著した。

一九六六年夏の、ある暑い日、宿題に五点満点の四をつけられ、いつもなら黙って鞄にしまう同級生が、先生の目を見すえて異議を申し立てた「どうして、私は四なの。ミスが一つもないじゃありませんか」。少女たちのはじめての「造反」。十年間にわたり中国全土を揺るがせることになる文革は、個人にとって、一少女にとって、こんなふうにはじまった。校長が捕らわれ、紅衛兵が組織され、少女たちも、大きな歴史のうねりのなかに巻き込まれていく。

プロレタリア革命の完成のため、政治上、思想上のブルジョアジーを一掃せんとの、毛沢東のかけ声からはじまったといわれる、文化大革命。昨日までの権威、秩序は否定された。革命の主体は、労働者、農民、兵士。知識人は教壇から引きずり下ろされ、学生も階級闘争に加わるべきとされ、労働のため地方へと集団移住させられた。

著者はそれを「被害者」の視点では描かない。革命の担い手の選りすぐりである紅衛兵に、心からあこがれて、赤い腕章をもらえたときは、誇りと感動に胸をふるわせた。「毛首席、万歳、万万歳！」と叫ぶ人々が、天安門広場を埋めつくしたとき、まぎれもなく自分も、そのひとりだった。

親戚の老夫婦を殺されて、復讐心から、近所の男の子について、嘘の密告をする。密告者が密告され、被害者が加害者となる。果てしない連鎖の中に、たしかに自分もいたと書くことで、人間の業の深さ、底知れない混沌を、よりリアルに描く。

「なぜこんなにおおぜいの犠牲者を必要とするのか、そのわけは誰も知らない」。あらゆる組織は、武装抗争の場と化した。城門も、とり壊された。「一つだけはっきりいえることは、中国人のあふれんばかりのエネルギーがつねに発散の場を求めていたことである」。十代の少女も、例にもれなかった。十代だからこそ、よけいそうだった。学校に行っても授業はなく、校庭で遊び回るだけ。「どうやって旺盛なエネルギーを発散すればいいか、わからなかった」

人を罵《のの》りたいという、同級生のつぶやきをきっかけに、けっして口にしてはならないとされていた言葉を、叫んではしゃぎまくった夜。自分が密告した男の子が殴られる音、悲鳴を、星空の下でじっと聞いていた日。ひとつひとつを経て、少女はもう、もとの少女でなくなっていく。こんな仕方で大人になるのは残酷だけれど、これもひとつの成長物語には違いない。

「生産建設兵団」の専用列車で北京を離れ、二十年が過ぎてから、外国において、外国語で書いた。おそらくそれが、「あの時代、あの場所」の記憶に距離をとり、作品として成立させる助けとなった。

日本人にわかるようにとの気づかいだろう、文革について、政治の世界からの説明をところどころさしはさんだのも、思い出に流れないために役立った。

これからの中国は「私がかつて経験した激動の時代よりも、ますます激しく揺れ動く時代になるかもしれない」と著者は書く。「しかし、中国人はきっと、その時代を力強く生き抜くことができると、私は信じる」との言葉は、祖国を離れて久しい著者の、祈りの言葉ともとれる。

赤ちゃんはベトナム生まれ

日本人の旅行先として、ベトナムが人気という。でも何も子どもまで産まなくても……というのが、タイトルを見ての第一の感想。

岡村ゆかり著『ベトナムで赤ちゃん産んで愉快に暮らす』。夫の赴任に伴って、二年余りをかの地で過ごした著者による体験記+生活ガイドだ。

ちなみに、その子は第二子と知って、そうだよな、となぜかホッとする。初産《ういざん》がベトナムというのなら、拍手を通り越して、ただびっくり。

つわりとともにスタートした、慣れない土地での暮らし。はじめは著者も、ベトナムで産むことは考えていなかったという。病院は「中庭でも廊下でもたくさんの人が昼寝をしたり物を食べたり」と、生活の匂いがむんむん。静かでどこか冷たい日本の病院しか知らなかった著者は、その光景を「不衛生」と結びつけ、「こんな所では産めない」と思うこともあった。

が、くり返し通ううち、その人たちは赤ん坊や産婦の世話に来ている夫や家族で、「ベトナム人は家族の結びつきが強いんだなぁ」と感じるようになる。

超音波検診では、医師、看護師をはじめ他の妊婦たちまで、いっしょになって画面を囲み、「私の赤ちゃんが産まれてくることを皆が待ち望んでくれているようで、幸せな気持ちに」なったとか。

赤ん坊連れで市場に行っても、買い物の間、抱っこしていてくれるおばさんがいたり。今の日本ではなかなかないような、いい出産、いい育児期を体験したらしきことが、伝わってくる。

女性なら誰もが、読むとベトナムを好きになりそうだ。むろん、生活はたいへんそうで、「頭も体もついていけず」ダウンしたりもしたようだけれど、さし引きしてもなお余りあるベトナムの魅力が、エピソードのひとつひとつにあふれている。

そしてまた、未知なる暮らしに家族まるごとぽーんと飛び込んでいくところに、新しい世代の夫婦の、力と価値観のようなものを感じてしまう。赴任するなら家族いっしょで、と言いきる夫。ベトナム人に助けられながら産み、育てていく妻と、元気いっぱい現地の小学校に通う上の子。「生活水準が低いから」と、単身赴任したり、子どもだけ日本に残したりする選択は、この夫婦にはないのだ。

たくさん出てくるベトナム料理のレシピも、かの地へのあこがれをそそる。

はるかなヒマラヤ

タイトルが妙だ。木崎甲子郎《こうしろう》著『ヒマラヤはどこから来たか』。まるでヒマラヤが人か何かのようである。

われわれにとってはふつうヒマラヤは、ただそこに「ある」ものだ。行くも来るもない。が、著者にとってはどうもそうではないらしい。何しろ、何千万年という長い長い時の間のできごとを扱う、地質学をなりわいとする人だ。でんとそびえる山でさえ、彼の目には、むくむくと造山運動を続ける生き物と映るのだろう。そうしたものの見え方を、タイトルが表している。

今からおよそ一億五千万年前、南極大陸から分かれたインド亜大陸が、えんえん一億年かけて北上し、ユーラシア大陸にぶつかったときが、ヒマラヤの誕生とされている。その後の生い立ちの中でいったいいつ、いかにしてここまで高くなったのか。そして今後もまだ高くなろうとしているのか。そのことを調べるため、地質学、地形学、測量学などさまざまな分野の専門家が集まって、一九八〇年から五年間にわたり調査した。いわゆる学際的な共同研究。その記録をわかりやすく書いた。

調査の間には「ヒマラヤは低くなっている?」と考えざるを得ない場面もあり、一同しゅんとしたりする。皆、いかに「上昇」しているかを知りたくて、はるばるこの地に来ているのである。だが、そこで「お前さんの測量のし方が悪いんだ」などと「学際的」喧嘩になったりしないのが、この著者の懐の深いところだ。「これまでの常識をくつがえす結果が出てもいいではないか」と、柔軟に頭を切り替える。著者の人となりは、語り口や比喩にも現れて、親しみやすい本となった。

信頼感で結ばれて、ひとつ目的をめざしていく男たちの調査行は、実に楽しそうだ。昼は白銀に輝く山々を眺め、ロバの群れを見、夜は満点の星の下、思い思いの寝袋にくるまりながら、仲間どうしトランシーバーで交信する。「人工衛星が通ります」「カシオペアのあたりですか、どうぞ」。これが至福の時でなくて何であろう。

南極観測隊やヒマラヤ調査隊の隊長を、数次にわたって務めた著者は、この本が出た年で七十歳。「おわりに」では、「シベリウスは作曲をやめたあと、世界中から流れてくるかれの音楽を、短波の受信機で聞くのを老後の楽しみにしたという。わたしもこのささやかなヒマラヤ計画の成功をなにかにつけて思い出すだろうと、ひそかに感じている」。子どものころ、冒険家たちの物語にあった「夢」という言葉を、久々に思い出した。

ヒマラヤの生い立ちを探る本。人としての悔いのない生き方をも示して、すがすがしい。

インドの大地に抱かれる

サラソウジュの森の道を、牛車で行くと、家はあった。大学の休み中、著者が居候した、ベンガルの田舎の家だ。西岡直樹著『インドの樹、ベンガルの大地』の、魅力的な一シーンだ。村の男たちにならい、著者は池で沐浴《もくよく》をする。「水は池のきわまで溜り、周囲の緑を映して静まりかえっていた」「薄い木綿のガムチャ（筆者注、身体拭き用の布）を巻いて池に下りた。その波で、木々の影と睡蓮の白が水面で入り乱れた」

羨ましいほどゆたかな時が、本の中を流れている。沐浴の心地よさ、足にふれるなめらかな泥の肌ざわりを知る人が、日本に何人いるだろう。

インドの大学で五年間を過ごした著者は、勉強のかたわら、村に伝わる話や植物の採集にいそしんだ。ものごとを言葉とともに学ぶのは、「子供時代をもう一度やり直しするような楽しさがあった」。以来二十年間にわたる行き来の中で「心に残る人」たちとの交友を綴ったエッセイである。

階層は、さまざまだ。鳥好きの先生。放浪の語り絵師。インド、パキスタン分離の際、逃げてきた難民。不可触民カーストに属する人もいる。それらの人のふところに、著者はすんなり入っていく。

インドを旅行したことのある人は、これが同じインド人かと思うかも知れない。旅行者がふつう出会うのは、リキシャ（タクシーの用をなす人力車）や宿のすさまじいばかりの客引きや、何かにつけて金をせびりとろうとする人々。彼らとの喧嘩の術を覚えるのが、インドを理解することだと、勘違いする旅行者もいる。

この本に描かれるのは、そうしたインドとは、趣をまったく異にする。どの登場人物も、やさしく腕を伸ばし、著者を家に迎え入れる。異文化の扉を礼儀正しくそっと叩く、著者の手つきに応えるように。

彼らとの個々のつき合いを通し、社会のありようが見えてくる。著者とともにムスリム（イスラム教徒）の家に泊まることになった、ヒンドゥー教徒の少年は、食生活の禁忌から、「気を悪くしないでくれよ。僕は食べられないんだ」。家人は笑って「無理することはない。今、近所のヒンドゥーの家から何かもらってきてあげるよ」。

宗教、民族、出身により、相容れない決まりごとが無数にある。けれども「だからかえって人は、たとえそれがある人には絶対的な枠だとしても、他の人には必ずしもそうでないことをよく知っているのだろう」。多様性を認め合うことで、獲得できる自由。対して日本は、人はそれぞれ違うということを受け入れられず、不寛容な社会になっているのではないか。この本のメッセージのひとつである。

人々と並ぶ主人公は、植物だ。著者の筆にかかると、インドの自然もまた、彩りにあふれ、かぐわしい。蜜を吸う鳥たちのさえずりに満ちた、インドワタノキ。僧が木の「結婚式」を執り行ってから植えるならわしのある、バニヤンとインドボダイジュ。日本人にはなじみのない植物も多く出てくるが、単なる背景としてではなく、命あるものとして、人々のそばにあることが、伝わってくる。草花も木も人間も、同じ大きな自然の一部。この本の、もうひとつのメッセージだ。

最終章「砂漠にふる雨」には、友人とともにたまたま立ち寄った家の男性が出てくる。脳卒中か何かで下半身の自由を失ったのだろう、腕を砂まみれにし這いずってきて、客を迎えた。「その顔を私は今も忘れていない」。そういう体になった自分への、悲しさ、悔しさ、惨めさ、いきどおりはみじんもなかった。眉は美しく張り、澄みきった目が青空を映して輝いていた。「あの人には、自分に降りかかった苦難を、運命として飲み込む力があるように」著者は感じる。そして、気づいた。同じような潔《いさぎよ》さ、気高さをもった人に、インドのあちこちで、数えきれぬほど会ってきたことに。「私は、あの男の人のさわやかな表情をいつまでも心に留めておきたいものだと思った」

砂漠の通り雨のように、ひととき心が洗われる本である。

青春のバックパッカー

ゲスト・ハウス。アジアを旅した、あるいは旅物語を読んだ人なら、タイやネパールあたりの安宿を思い出すだろう。移動に飽いた長期旅行者がたむろする、居心地は悪くない、けれどもどこか倦怠感の漂う宿。

角田光代著『東京ゲスト・ハウス』は、旅から帰ってきたバックパッカーが主人公の小説だ。半年間の放浪から、成田に着いた「ぼく」は、ガールフレンドにふられ、カトマンズで知り合った人の家に居つく。帰国して行くところがなかったら一晩三百円で泊めてあげる、と言われたのを思い出して。そこに次々バックパッカーが転がり込み、旅の時間に「ぼく」は引き戻されていく。

登場人物がリアルだ。ゆるみきった服装、乾燥した髪にまつわりつく、暑く埃《ほこり》っぽい場所の匂い。とめどもなく喋り、はしゃぐ彼らに「ぼく」は流されかけつつも、心の中の違和感の正体をつかみかね、もがく。日常と非日常、アジアとニッポン・トウキョウのギャップを描くものかと、読みはじめは思った。けれどもしだいに、主人公の問いが「言葉」の問題に収斂《しゅうれん》していくことに気づく。「自分のまえにもう一人よく似たやつがひっついている」。その男は「ぼく」が何かを考えようとする前に、条件反射的に話をつなぎ、冗談を言い、笑う。そいつを黙らせるため、「ぼく」は働きはじめる。そいつが饒舌《じょうぜつ》をやめない限り、旅は終わらず、自分は旅だつ前と同じに、退屈から逃れようとしているだけだと、知ったから。

結びで、元ガールフレンドの口からも、このテーマは再度確認される。ストーリー運びとしては固さを感じさせるが、著者にとって必然であることはわかる。「旅と青春」をモチーフとする系譜は、昔からあったけれど、旅に出ることそのものが簡単になったこの時代、何か別の切り口が要る。それが「言葉」であることを、著者は最後にもう一度示したかったのだろう。

言葉が上滑りしているような今の若者たちの思いを、旅を通してとらえようとする著者の試みが、伝わってくる。

アメリカへ行こう！

「はじめまして。私は岸本葉子といいます。ＯＬをしながら本を出した者です。今日、はじめて群《むれ》さんの本を読みました。新聞社の人に、『群ようこ（呼び捨てにしてすみません。その人の発言を再現したらこうなりました）って知ってる？　やっぱＯＬしててもの書きになった人だよ。面白いよ』と言われて、書店で探して読んだのです。そして読み終った今は。明日からまた書店で『群ようこ』と書いた本を探します。ほんとうに面白かったです。どうぞ、これからもたくさん書いて下さい。楽しみにしています。お元気で。さようなら」

何を隠そう、私はかつて群さんにファンレターを出したことがある。これが、そのだいたいの内容。

渋谷にある会社に勤めていた私は、新聞社の人から群さんのことを聞き、会社の帰り、近くの書店に寄った。たまたまあった『別人「群ようこ」のできるまで』を購入、井の頭線を一本遅らせ、各駅停車で座って読んだ。終点の吉祥寺で降りても、ホームでそのまま読み続け、アパートに着くや、便箋に向かったのだ。

当時、私は最初の本が出たばかりで、言ってみれば「別人『岸本葉子』のできかかり」。電車に乗っていても、女性誌の中吊り広告の、

「元気が出る特集・私の転機」

「今だから語る・有名人の転機・『あのとき私は』」

などの文字が、なんとなく気になる頃だった。

けれどもそういう記事を読んでも、途中までは、

（ふんふん、私と同じ）

とうなずいていても、いざというところで、

「そんなとき、映画監督をしている伯父が、自分の作品に出てみないかと誘ってくれたんです」

「そこで私は、ふと思いたってパリへと旅立ったんです」

などのウルトラCを出されて、どっと裏切られてしまうのだ。「映画監督をしている伯父」も「ふと思いたってパリへと旅立」てる金もない、ふつうの人間は、どうすればいいのか。

（どうせ、雑誌に載るような人は、特別の人なのだ、はじめから住む世界が違うのだ。期待した私がバカだった）

「元気が出る特集」どころか、ますますいじけてしまうのだった。

『別人「群ようこ」のできるまで』は、そんな私を最後まで裏切らず、共感できて、その上とても面白かった。なので、「先生へのお便り」を書こうと思った。何しろスター、漫画家合わせても、ファンレターなるものを出すのははじめてのこと。したためたはいいが、いったいどこへ宛てたらいいか、わからない。

本の後ろにあった出版社の住所を記し、翌朝会社への行きがけに、駅前のポストに投函した。群さんに届くといいがと願いながら。

『アメリカ居すわり一人旅』には、学生の頃の群さんは「守銭奴と化していた」とある。あこがれのニューヨークへ行くために。

ＯＬ時代の私も、同じだった。ただし私の場合、行く先は北京。なぜ北京だったのか、自分でもよくわからぬが、たまたまやはりＯＬをしていた友人でかの地に渡った人がおり、地図上のどのへんかも知らぬまま、「アメリカ大陸に行けば、何かがある！」を心の支えとした群さん同様、

「中国に行けば、何かがある！」

と思い込んでいたのである。

外食は高くつくので、昼には弁当を持参し、

「私、もうボーナス一括に手をつけちゃった」

「えー、何買ったのよ」

などという同僚たちの会話に、にこにこと箸を動かしつつうなずきながら、自分はひそかに貯めていた。こういうときこそ社内の財形貯蓄制度をしっかりと利用させていただいた。ザイケイでどうにか留学資金ができ（私の申し込んだ留学は、中国語力はまったく問わず、はっきり言って健康な体とお金さえあれば行けてしまうものだったのだ）、もうすぐ北京に行こうという、ある夜のこと。会社から戻ってくると、アパートの郵便受けに、茶色の封筒が差し込んである。

何だろうと首を傾げつつ開けると、『無印良女《ひん》』、しかも、著者のサイン入りではないか。

（あの手紙、届いたのだ！）

北京へも持っていき、留学の間じゅう、宿舎の私の部屋の本棚に立っていたことは、言うまでもない。

さて、北京で。留学生宿舎には日本人も多かったし、食事は留学生食堂で取るので、「開飯時間」に遅れさえしなければ、食いっぱぐれることもない。会社との往復が、教室との行き来に変わったほかは、これといった変化のない日々を過ごしていた。

ある日、友だちの日本人が「中国鉄路時刻表」なるものを購入してきた。

「へー、どこで買ったの」

「北京駅。宿舎で売りさばこうと思って、十冊仕入れてきた」

「売って、売って」

出無精で、修学旅行以外の国内旅行すらしたことのない私は、日本の、中国のを問わず、時刻表というものを見るのは、そのときがはじめてだった。

網のように張りめぐらされた路線図を眺めていると、上海という文字が目に入った。上海ならば、私も聞いたことがある。

そこで、ふと考えた。電車が通っているならば、そこへ行く切符が売られているはずだ。ということは、切符を買って乗りさえすれば、自分にも行ける？

そうしたら、ほんとうに行くことができた。

行く前は、この私があの上海に行くなんて、突拍子もないくらいの思いつきの気がしていたが、いざ行ってしまうと、そんなにすごいことでもなかった。テレビのドキュメンタリーのように、向かう先々に「上海・××通り」といったテロップが出てくれるわけでもないし、何よりも、歩いている本人が相変わらずの私だから、ドラマチックな展開になりようがない。

そうこうするうち、「開飯時間」が気になり出して（当時、中国の食堂はたいていが、昼なら十二時から一時と限られた時間しか営業しておらず、それを過ぎると夕方まで、ご飯にありつけなかった）急ぎ足になったりすると、自分がいるのがほかならぬ上海であることを、忘れていたりするのである。

エポックメイキングなこともないまま、北京に戻り、再び留学生宿舎の日々に。が、不思議なもので、そんな旅でも、しばらくすると、また行きたくなってくる。

私のひとり旅歴は、そんなふうにはじまった。

中国から日本に帰り、よく尋ねられた。

「向こうで何してきたの？」

何と言われても。

中国語がぺらぺらになったわけでもない。ふだんから人づき合いの悪い私だから、向こうへ行ったからと言って、急に人が変わったように友だちができるわけもない。ましてや、異文化にふれて人間がひと回りもふた回りも大きくなった、なんてことはあり得ない。

答えようがなくて、

「うーむ、旅くらいかなあ」

と逃げてしまう。

「旅したんだってね。チベットとか、ミャンマー、ラオス国境の方まで。よく行ったもんだよ。まさに、あれか。『女ひとり中国を行く！』ってやつ」

とも言われるが、うーむ、それも自分の実感とは違うような。私は、バックパックひとつで世界じゅうどこへでも行ってしまう、みたいなタイプではないし、強盗や強姦はとてもコワイし、無理するよりは楽したい方だし、それほどグルメとかおしゃれとかではないが、例えば上海に来たのなら、街で流行りの肉マンを味わいたい、北京ではなかなかない刺繍入りのカーディガンをささやかなお土産としたい、くらいは思う。

つまりは「ふつうに」旅をしているだけなのだ。

そんな私なので、『アメリカ居すわり一人旅』の群さんが、別にまなじりを決してニューヨークに突撃していくわけでもないことに、ほっとした。ホテルでのんべんだらりと過ごしたり、「せっかくだから、まあ、ひとつ」といった感じでピアスを入れてみたり、有名なショッピングの店を覗いたり、いわゆる「女ひとり」ものにあるまじき、ごくごくふつうの行動パターンをしているところが、読んでいて、かえって嬉しくなる。

「英語がペラペラになったわけでもなく、とっても楽しいことがあったわけでもない」

「そこで暮らしたことは私の人生に何の影響も及ぼしていない気がするけれどホテルに泊まって汚い格好でニンジンを丸かじりする生活は、なかなかよかった」と著者。

(そういう、何にもならない時間が、人生の中にあってもいいような気がして、私は旅をするのかも知れない)

と思ったりする。

「ふつうっていうのは、文字になりにくいからねえ」

とは前述の新聞社の人。特別なことをしているわけではない人に、登場してもらいたくても、記事として成立させるのが難しいそうだ。

「そうですねえ」

「私の転機」の特集を思い出しながら、私はうなずく。

そう考えると、群さんは「ふつう」ということを文字にすることができている、数少ないひとりかも知れない。「無印」が印《ブランド》にならない。そんなところからファンとなり、ついまた別の本を書店で探してしまうのだろう。

お茶のある暮らし

感じのいい表紙だ。いろいろな国のとおぼしきティーポットの絵が、やさしい色づかいで描いてある。どこの何というものか、わかる人にはわかるだろうが、この本はそうした「通」だけでなく、日頃こんなまなざしをティーポットに向けている人なら誰でも手にとって下さいと、語りかけてくるようだ。伊藤ユキ子著『紀行・お茶の時間』は、「専門家でも研究者でもない」という著者が、お茶をたずねて旅した紀行エッセイ。

三度の飯と同じくらいかそれ以上になじんでいるお茶だが、いざ書こうとすると、なかなかたいへんだ。何しろ「道」や「藝」がつくほど奥が深く、いつ頃飲みはじめたかとなると、紀元前の書からひもとかねばならない。チャイ、ティー、テと名を変え、世界のあちこちに広まったのは周知のとおり。テーマとして大き過ぎ、どこをどう扱ったらいいか、途方に暮れる。

それを著者は「お茶の時間」で切りとった。お茶をたずねてと言うより、お茶を喫する人々のいる風景をたずねて、と言い直そう。中国、ヨーロッパはむろんのこと、モンゴルやウズベキスタンまで。

それぞれの街で、歩く歩く。シロウトの強み（誉め言葉である）と旅人らしい好奇心、もっと言えばミーハー心を発揮して、ロンドンのリッツホテルのアフタヌーンティーを試したり、杭州の茶館では、わけのわからぬながらメニュー中もっとも高価なものを指差したり。けれども、読者から見て、著者がいちばん居心地よさそうなのは、土地の人々が、生活の中で楽しんでいるお茶の場だ。

気持ちいい風が吹き抜ける緑陰で人々があぐらをかく、ウズベキスタンの町ブハラのチャイハネ（茶店）。成都の川べりの茶館では、日向ぼっこをしていた人が、通りがかりの耳掃除屋をたのみ、うっとりと目を閉じる。その人たちのお茶の時間もすてきだが、その風景に出会うため、ミネラルウォーターとビスケットでお腹をなだめ、街を飽かず散策する、著者の「旅の時間」も羨ましい。

「生々しい暮らしの息づかいを五感でとらえる愉快さは、まったくもって格別だ」と著者。土地ごとに章の長さが違うのも、そこで知ったお茶の多少より、五感にふれてきたものの多さによるようだ。

むろん「五感」だけでなく、書くにあたって調べ物もしている。お茶の歴史、葉の種類。明とモンゴルとの間では、上等な馬一頭と茶葉二十キロとが交換されていたとか、イギリスでのアフタヌーンティーのはじまりは、アヘン戦争と期を同じくしているとか。ひけらかさず、さりげなく語る節度がいい。

日本でもお茶がブームだが、産地がどうの銘柄がどうのと知識で飲むのは、どこかしらさもしい。何を考えるでも話すでもなく、でも「満たされていて、することといえば、ただお茶とお茶うけをいただくこと……。ありそうで滅多にない」と著者。そう、ホント、滅多にない時間。だからよけい憧れる。

海を渡ったお菓子たち

「あんまり甘くない」お菓子が、この頃はもてはやされる。餡《あん》ころ餅でもケーキでも、褒め言葉は「あんまり甘くなくておいしい」。砂糖が貴重品だったときを知る人には「ならば、せんべいを食え！」と怒られそうだが、飽食と成人病の時代に求められる味、ということか。

吉田菊次郎著『万国お菓子物語』に書かれているのは、甘いものがあくまで甘かった頃のお話。お菓子の故事来歴である。まぼろしの南蛮菓子から、私たちになじみの深いシュークリームや和菓子まで、国別に並べて、しめて百。各国からよりすぐったお菓子百話の「詰め合わせ」だ。

「時を越えて伝わる南蛮秘伝の金糸菓子を御賞味あれ」ペンペン！　と思わず合いの手を入れたくなる、レトロな名調子で語られる。著者はヨーロッパで菓子作りの修業をし、古い文献もひもとく、当代きってのお菓子博士とか。どうりで、蘊蓄《うんちく》の深さは、タダ者ではない。

この本で私は、バウムクーヘンの「年輪」がどうしてできるか、はじめて知った。棒にタネを流しかけては、回しながら火であぶることをくり返す。狩りの獲物を焼く方法と同じだ。子どもの頃、「まん中の部分は誰が食べるんだろう」と不思議だったが、あれはもともと、棒の通っていた穴なのでした。

パイ生地とカスタードクリームを何層にも重ねたミルフイユは、ミルが「千」、フイユが「葉」の意。今でこそポピュラーなお菓子だが、フランスの食べ物になど、なじみのなかった昔は、「千枚漬」と訳されたりしたという。お菓子の世界にも、ターヘルアナトミア（『解体新書』の原著）的時代があったのですな。

洋菓子の代表のように思われているショートケーキは、実は日本のオリジナルという。カステーラと餡を合わせたどら焼きは、和洋折衷の代表作だ。近年は、カステラ部を縞《しま》模様に焼いた「トラ焼き」もあるのだとか。

日本人に限らず、人々の創意と工夫に頭が下がる。人間は、考える舌である。

お菓子はけっして、腹のたしにするものではない。「口福《こうふく》」のためのもの（「眼福」のもじりと思ってほしい）。だから「パンがない？　だったら、お菓子を食べればいいじゃない」と言ったマリー・アントワネットは、大ひんしゅくの末、処刑台に送られてしまった。これにもまた「秘話」があるらしいが、すべてあかしてしまっては、それこそ味気ないから、詳しくは本書の方で。

それなしでも、生きてはいける。にもかかわらず、古今東西、これだけ多くのお菓子が考え出され、愛されているということは、そこには何か、人々の暮らしと切っても切れないものがあるわけで。ティラミス、パンナコッタ、ナタデココなどの流行で、さまざまな国のお菓子に目が向くようになったのはいいけれど、背景にある文化や歴史も、もう少し見てほしいという著者の思いが伝わってくる。

どこからでも読める本だ。まずはお好きなところを「御賞味あれ」。

Ⅳ

とことんつきつめる人たち

廃線が近いローカル電車を訪ねる仕事で、前もってもらった資料を読みはじめ、あまりの詳細さに驚いた。

鉄道関係の雑誌に載った「さよなら、××鉄道！」という特集のコピーだが、モハなんとかといった記号だらけで、ちんぷんかんぷん。おそらく人によっては、文字を見るだけで涙が出るくらい、今となっては超レアものの、懐かしの車両番号なのだろうが。

「深いんですね」

資料をくれた編集の女性に、電話口で溜め息まじりにそう言うと、

「あ、あれ、全部目を通す必要ないですから。雰囲気だけつかんでおいて下されば、雰囲気だけ」

自分で送っておきながら、冷ややかである。

彼女によれば、「鉄道ファンは独特」。彼女の作っているのはふつうの旅雑誌なので、マニアックな世界には、なるべく踏み込まないようにしているが、彼らのチェックはとても厳しく、鉄道に関することでちょっとでも間違うとたいへんなお叱りを受けるそうだ。

子どもの頃、同級生でも、鉄道のことを異常によく知っているやつがいた。貨物列車が通過しただけで「××だ」と型を言い当てる。私なんて何が通ろうと、

「あー、電車ね」

としか感じない方だから、ほとんど畏敬の念で見ていた。あの鉄道少年らが鉄道ファンと名を変えて、生き続けていたのだ。

乗ってみたローカル線は、もうたいへんな混雑だった。車両番号のプレートの前など、押すな押すなで、

（別れを惜しむ気持ちはわかるが、ふだんからこれくらい乗ってあげていれば、廃線にならなくてすんだのではないかな）

と思ったりもした。終着駅に近づくと、ホームに人が満載なのが、窓から見える。子どももいるけれど、最前列に陣取るのは、中年男性。目をうるませつつ、カメラを構える。ガラス越しにどわーっと迫ってくる熱気に、編集の女性と私は、

「す、すごい」

とひるんだ。

「私たち、来てはいけないところに来てしまったのかしら」

たしかに、一般人がおいそれとは入り込めないものがあった。

思えば、標本にしろ天体望遠鏡にしろプラモデルにしろ、男の子の趣味は、大人になってもちゃんと行き場がある。小さな違いに着眼し、その機能や由来などの知識を、とくとくと語れる世界が。アウトドアや、万年筆やシステム手帳といったモノ系に凝るのも、そ

の延長だろう。

またファッション業界のコマーシャルなども、「少年のような」をうたい、大人の中に「少年」が生き続けることに、好意的なメッセージを送っている。のみならず、女性もそうした男性に魅力を感じるもの、としているフシまである。こちらからすれば、「あくまでもその男性を好きなら、そういうところも大目に見てあげましょう」くらいであって、逆は必ずしも真ならずなのだが。

しかし、女性の方もひそかに「少女」趣味を引きずっていたりするから、おたがいさまかも知れない。

庭いじりの日々

マンションの一階に引っ越してから、土いじりに時間を費やすようになった。月額千三百四十円を払えば、三十三平米の専用庭が使用できるのである。

両どなりとの間は、低いフェンスがあるだけなので、たがいの庭にどんな草花が植わっているかは、見ようとしなくても目に入る。右どなりは、和風だ。

この家の木の趣味は、うちと似ている。わが家も、植木好きな父の影響か、基本的に和風である。南天、モミジ、千両、万両、リュウノヒゲ。

リタイア組の夫婦がふたりで住んでいるらしい。旦那さんが、よく水やりをする。

猫の額ほどの地面でも、あると、結構手がかかる。特に草取り。日本の随筆を読むと、下草がどうの苔がどうのといった記述がやたら出てきて、「昔の文士は何だって、庭のことばかりにかまけていたのだろう」と不思議に思っていたが、そのわけがわかった。土いじりの趣味がなくても、草取りをまめにしないと、たいへんなことになるのだ。ちょうど、トイレの掃除を、後でまとめてしようとすると、頑固な汚れに苦労するのと同じである（ちょっと違うか？）。

草むしりの服装は、長袖のシャツ、手袋、つば広の帽子。首にはタオルを巻いて、ズボンの裾を、くつ下の中に入れる。このかっこうでしゃがんでいて、同じようないでたちをした右どなりの家の旦那さんに、フェンスをはさんで顔を合わせたりすると、

「ご精が出ますな」

なんて、古めかしい言葉が、思わず口をついて出そうになる。

先日は、私より六年ほど早く、マンションのやはり一階を購入した女性と、電話で庭談議をした。

「サンショウはいいよ。ちょっとあると、料理がぐんとそれらしくなるし。木としての姿もいいしね」と彼女。

「あー、私もまさに苗を買おうと思ってるところ。このへんの土は、サンショウがよくつくみたい。おとなりのサンショウなんて、もう大木だよ」

「何なら、うちのを株分けしようか」

三十代の会話にしては、やや老けているというか、ご隠居どうしのような感じがしないでもない。

「ご隠居」で連想しては悪いが、私がひそかに「日本の二大庭いじり作家」と呼ぶ人がい

る。尾崎一雄と永井龍男だ。

尾崎一雄著『まぼろしの記・虫も樹も』を読むと、著者は年がら年じゅう落ち葉焚きと虫退治に追われたらしい。常緑樹は、季節に関係なく、のべつ葉を落とす。焼き殺す毛虫の数は、千や二千ではきかない。蟻やアリマキまで勘定すると、おびただしい数だ。娘から、

「お父さんは、虫地獄に落ちます」

と断言されるほどである。

毎年それをくり返していると、植物のみならず虫にも詳しくなるらしい。「蟻の生活形態が可なり知能的であることはよく知られて居るが、それは別として、私が直接つき合った範囲だけでも、利口馬鹿ははっきりしている」などの文には、虫の大家の趣《おもむき》すらある。

命について無頓着な人ではけっしてなく、むしろ若い頃から、家族の死に遭い、自らも病を抱え、ほそぼそと長らえてきた。庭先の自然をめぐる話の中にも、生と死の交流があって、味わい深い。

永井龍男著『一個・秋その他』の方は、著者は尾崎一雄ほどハデに、虫を下駄で踏みつぶしたり穴を掘って埋めたりするわけではないが、「庭へ出て枝を詰めるとか、草を抜くとかの小仕事をしない日はない」と、「昨日今日」に書いている。

おさめられた十四編は、発表年に二十年近いばらつきがあるが、はじめの方の、いかにも

うまい短編小説より、七十歳過ぎてからの「昨日今日」のような、何げない随筆ふうのものが、私は好きだ。梅雨どきの木々のたたずまいから、心に浮かぶよしなしごとを記してなお、しっかりとした存在感をもつ。「人生もいよいよファイナルステージに入ってきました」とでもいうような風格があるのだ。

わが家の左どなりの庭は、芝生のまわりに色とりどりの花を咲かせた「洋風」。こちらは土いじりと言うよりも、ガーデニングの語がふさわしい。

ガーデニングで思い出すのは、ヘルマン・ヘッセ著、岡田朝雄訳『庭仕事の愉しみ』。書店で見たときは、

（まー、あの『車輪の下』のヘッセ？）

と驚いた。「あの」と言えるほどストーリーを実は覚えておらず、記憶のかなたの人だったけれど。それが、同じ訳者による『人は成熟するにつれて若くなる』とともに、今の日本の「老い」「ガーデニング」ブームと合い、にわかにリバイバルした感がある。

この人——と気やすく書いているが、よく考えればノーベル賞作家——の庭いじり熱はたいへんなもので、後半生、執筆に費やす以外の時間は、ほとんど庭で過ごしたという。

「庭仕事は瞑想と精神的な消化のためのもので、そのため私は独りだけでそれをします」

「地面に膝をついて草むしりをするのは、礼拝のためにひたすら礼拝を行っているようなも

のです」と、さながら求道者《ぐどうしゃ》のようだ。

しかし、数々の写真におさまっているのが、ヘッセその人であると知って、またまた驚く。独りのはずの仕事の写真が、こんなにたくさんあるなんて。こんなに撮られて、ちゃんと「瞑想」できたのだろうか。

「西の二大庭いじり作家」のもうひとり、『園芸家12カ月』（小松太郎訳）のカレル・チャペックによれば、園芸家とは「バラのかおりを嗅《か》ぐ人間ではなくって、のべつ『もうすこし石灰《せっかい》をやらなきゃ』とか、『土が重すぎる、もうすこし砂をいれてやらなきゃ』とか、そんなことばかり苦にして暮らす人間」だそうだ。訳者の小松太郎によれば、この本でだけでも、二百八十種以上の植物を登場させている、と解説にある（数えた訳者もえらい）。大園芸家の著者だが、自分を戯画化して描いているところが、読んでいて楽しい。「素人園芸家になるには、ある程度、人間が成熟していないとだめだ。言いかえると、ある程度、おやじらしい年配にならないとだめだ」

石灰がどうのと言い出すほどハマっていない私は、まだ「おやじ」にまではなっていないということか。

仏像になる

私の祖父は、仏像がたいそう好きだったそうだ。「そうだ」と伝聞形で書いたのは、私が生まれたときは、とうの昔にあの世の人となっていたからである。

由緒ある仏像ならば、家のお宝にもなろう。が、そうでなく、そのへんの古道具屋から売りつけられた、あやしげなものばかり。家には、すずめ蜂の巣とも仏の頭ともつかないものが、ごろごろと転がっていたという。

九男一女の父なので、家計にゆとりがあるはずはない。日頃、夫のすることに異を唱えない祖母も、仏像を買って帰ってきたときだけは、

「また……」と、いやーな顔をした。そのせいか子どもたちの誰も、仏像好きを受け継がなかった。

それが突然、孫の代に現れた。私のいとこである。

もの心つくかつかないかの頃から、お寺に行くと、仏像のいるお堂の中へ入りたがる。ふつうの子なら泣き出すような、山門の仁王の前でも、にこにこと笑っていた。

「隔世遺伝て、あるのね」

おじ、おばたちは噂した。九男一女の下に何十人といる子どものうち、なぜ彼だけがそうなったかは謎である。

それがまた、次の代にものりうつった。いとこの息子だ。

いとこの妻は、結婚当初から、夫の仏像好きをうすうす勘づいていたという。置時計の横に、なぜか『土門拳の古寺巡礼』シリーズが並んでおり、

「安月給のはずなのに、何でこんなりっぱな本があるんだろう」

と不思議に思っていた。やがて生まれた子どもが、まだ這い這いのうちから、しきりに時計の方へ行こうとする。動きを観察していると、お目当ては時計でなく本らしい。

何の気なしに仏像の頁をめくってやったところ、手足を振って大はしゃぎした。むずかったときも、仏像の写真を見せれば、上機嫌になった。テレビを見ていても、たまたま仏像が映ると、母親の膝を飛び降り、画面ににじり寄った。

幼稚園に上がってからは、仏像のまねが、家での主たる遊びとなる。「不動明王！」と叫んで剣を立てるポーズをとったら、親が後ろで「炎」の役をしなければならない。「千手観音」も物理的にひとりではできないので、親としても結構たいへんである。

「私たちのおじいさんて人も、大の仏像好きだったらしいよ」といとこの妻に話したら、

「血だわ……」と絶句していた。
『土門拳の古寺巡礼』には建物あり風景ありだが、同じ土門拳で、仏像の写真のみを集めた、仏像好きには、たまらない一冊がある。その名も『土門拳 日本の仏像』。「仏の鬼」と言うと妙だが、仏像を撮ることに執着し続けた彼の写真の、集大成だ。

この本、とにかくでかい。テレビで言えば大画面で迫ってくるようなもの。飛び出す絵本ならぬ、飛び出す写真集、という感じである。3Dで見たら、のけ反《ぞ》ってしまいそうだ。

特色は細部のアップで、それも手だけ足だけなんておとなしい方、胸、服のひだ、唇と、むしゃぶりつくように撮っている。まさに肉薄である。

被写体となった仏像を、「恋人」と著者は言う。「『土門さんは、ずい分たくさんの恋人がいるんですね。浮気性ですね』といわれても、ぼくは甘んじて受ける」と断言してはばからない。

仏像関係では、新たな古典になりつつあるのが『見仏記』。文・いとうせいこう、絵・みうらじゅんのコンビだが、このひらがなばかりの著者名までが、しなしなした百済観音に見えてくるのは、仏像のオーラのせいか。

小学生の頃から仏像好きで、拝観チケットを貼り込んだスクラップ帳まで作っていたという、みうらさんに誘われての、諸国仏像行脚。さぞかし珍道中だろうと思いきや、これがいたってまじめなのだ。発想は自由だが、文は少々難しい。足の裏と裏とを合わせて座る、毛越寺の如意輪観音の肉感性を説くのに、フランスの哲学者メルロ・ポンティの身体論を引いてくるあたり、「うーむ、ちょっと頑張り過ぎでは」と思ってしまう。

そのいとうさんも、西大寺の文殊菩薩にひと目惚れしたときは、説明不能のメロメロ状態になる。土門拳もそうだが、仏像との関係の行き着く先は「恋」のようだ。いとうさんの分析癖については、自分でも気づいていたらしい。旅の終わりに、みうらさんとそのことを話す。そして、自分ではみうらさんの感想を理論で補っていたつもりが、実はみうらさんにフォローしてもらっていたと知る。このくだりは気恥ずかしくはあるが、うるわしい。仏像への恋物語であると同時に、旅を通し、男どうしの友情が結ばれていく友情物語とも読める。

見仏ツアーに行くならば、ぜひとも持っていきたいのが、西村公朝著『やさしい仏像の見方』。著者は仏像の修復に尽くしてきた、お寺の住職さん。公家の「公」に朝廷の「朝」と名からしてやんごとないが、話運びもたおやかだ。「如来の頭にはこぶのようなものがありますが？」「釈尊の知恵こぶです」といったQ&A方式で進んでいく。

特色は仏の「着付け」。如来、菩薩、明王、仁王の四パターンにつき、実際に人が布をまとい出来上がるまでを、写真で見せる。仁王のときは、モデルがかっと目を見開き、ミエを切っているという、芸の細かさ。私は仏像の衣の線は、単なる模様と思っていたが、そうではないのだ。人間でも、正しく着れば同じようなひだができると知って、仏がぐんと身近な存在になった。

そうしてみると、いとこの子の「仏像になりきる」というアプローチは、鑑賞法としてなかなか的を射ていたのではと思う。

動物を飼う

小学校の頃、ひよこを飼ったことがある。今思えば、学校帰りの子どもたちをあてこみ、子どもたちの通りそうなところに店が出ていたのだ。たまたまお小遣いを持っていた私は、友だちといっしょに一羽ずつ買った。二十円かそこいらだった。

部屋のすみに空き箱を置き、古布を敷いて寝床としたが、朝見たらもう死んでいた。あまりに短い間しか家にいなかったので、思い出も残らなかったほどである。

何ヵ月かして、ひよこを飼ったという事実すら忘れかけていた頃、友だちがふと「あのときのひよこ、まだ生きてるよ」。

「えーっ」のけ反りそうになった。なんという生命力。ひよこの化け物ではないか。

彼女によれば、すでにニワトリの域に達し、家じゅうをコツコツとくちばしでつつきながら、日がな歩き回っている。ときどき何に興奮してか「キエーッ」とけたたましい声を発し、一メートル近く飛び上がるそうだ。室内で飼える限界を越えているが、彼女の家は商店街のどまん中で、庭がない。

「おいておけば、そのうちタマゴを産んでくれるんじゃないの」

「ううん。お父さんの話では、ああいうところで売ってるのは全部オスなんだって。だから、いくら大きくなったって産みやしないんだって」

言葉のはしばしから、持て余しぎみのようすが感じられたが、まさかしめて鍋にするわけにもいかない。あっけなく死なれるのもさびしいが、かと言ってあまり長生きされても、どうしたらいいかわからないというのが、本音のようだ。社会人になってからその話を人にしたら、「うちでは、ほんとうに鍋にしました」と言った男性がいて、びっくりした。

石川良輔著『うちのカメ』のクサガメは、もう三十五年も生きているという。

この本をはじめ書店で見たときは、よくぞこのタイトルで本になったものだとびっくりした。また、よくぞ二千円もの値段をつけたものである。(こんな、わが家のカメ自慢みたいな本、出版する方もする方だが、いったいどんな人間が買うんだろう) と思いつつ、ついつい購入してしまった。

で、面白かったのだ。

単なる飼育日記と違うのは、著者は、専門こそ違うが、生物学者であること。本の後ろの広告によれば、同じ出版社から「日本産オサムシの系統と進化を詳述し、絶賛を博した自然史の名著」とされる、七千八百円の本も出しているらしい (オサムシって何だ?)。

そもそも、その出版社は、自然や動物に関する、おそろしくマイナーだが興味をそそる本を出すところとして、ひそかに注目していたのである。

カメの話に戻ると、著者は新婚時代、妻といっしょに歩いていたらたまたま道ばたで売っているのを見かけて、という、生物学者というよりはたぶんに一般人的動機で、買った。それが、はじまり。四匹のうち、いちばん小さいいちばんのろまだった一匹がなぜか残って、以来居つくことになる。

池に放してやることも「妻と真剣に考えました」。が、当のカメはいかにものんびり屋で「飼い主のひいき目で見ても出来のよい方ではありません」。野たれ死にするに違いないと結論し、家に置くことにした。

飼いはじめて二十四年め（！）で、はじめてメスであると知り、他にもいろいろな生態がわかってくる。産卵前はひと月ほど絶食状態になり、産んだとたん、がつがつと食べはじめる。食べ過ぎて腹がふくらみ、甲羅に手足が入らなくなることもあるそうだ。

飼い主がしばらく留守にし、帰ってきた日は、一目散に寄ってきて（ウサギとカメのたとえどおり、歩き出すと途中休まないので、案外早い）いつまでも足にまとわりついている。これはもう「心」が通じ合っているとしか言いようがない。

カメ専門家による解説では「あなたよりもカメの方が長生きするかもしれないのだから、

遺言であとのことを頼んでおくぐらいの覚悟で飼ってほしい」と、読者にクギをさしている。

さくらももこ著『ももこのいきもの図鑑』を読むと、この人も、縁日や通学路の道ばたで生き物を売っていると、飼いたくてたまらなくなるタイプのようだ。あえなく死なせてしまった動物は数知れず、クサガメもはじめの冬を越せなかった。のみならず、カメというのはじっとしているものだと思い込み、死んだことに気づかずに、春過ぎまで放置していたとか。「『いきもの図鑑』を書いていたつもりが、自分の現実の生活では次々と生き物が死に、いつのまにか『死にもの図鑑』にとなってしまった」と言うとおり、まさに懺悔《ざんげ》の書。それでもまた飼いたくなるのは、人間のエゴか。

飼育係四十年の亀井一成による『動物園は心の学校』には、いくつもの悲しい別れが描かれる。生まれて間もない子を他の園に出すとき、日頃仲のいい飼育係に、必死に立ち向かってくる動物の親。そのたびに「もう誰もどこの園にもやるものか」と、心の中で叫ぶそうだ。種の保存のため、また近親交配を避けるため、しかたがないとは知りつつも。

実は私は「動物もの」が大好きで、あらかじめ泣きと感動を期待し、読むフシがある。それも一種の「人間のエゴ」だな。幸田文が『動物のぞき』で書くように、「かわいく思うこととは酷いということ」「動物は私に愛情と酷さを教える」のだ。

その本では、国内の某動物園の飼育係から聞いた、こんな話が紹介される。係のもとに「ビルが逃げた!」との緊急の報が。ビルはゴリラの名である。見れば、ほんとうに客の中を歩いている。もしも暴れて、客に危害を加えそうになったら、即刻銃殺しなければならない。「ビル」と、彼はまっ黒な後ろ姿へ呼びかけた。振り向いたビルは、群衆の中に親しい顔を認めた人のように、手をつないできた。そして「ふたり」で手をとり合ったまま、歩いてオリへ帰っていった……。

私にとって印象的なのは、客が少しも騒がなかったことである。園内で、ゴリラとすれ違っても「ああ、散歩に出してあるのね」と、誰も恐れなかったそうだ。飼う、飼われるの関係に慣れ過ぎて、動物との距離感がマヒしていると言おうか。

その延長でワニやトラまでペットにしはじめたら、かなり怖い。

生き物談議

以前住んでいたアパートの入口には、一匹の猫が居ついていた。年齢もオスかメスかもわからないが、黄褐色に近い茶色の猫だ。来る日も来る日も、郵便受けに通じるコンクリートの階段を上りきったところに、置物のように座っているのだ。

猫をかわいがる習慣のない私は、いつもそのまま通り過ぎる。その毛をなでたことはない。気をひいてみたところで、飼うつもりはないのだから、はじめから「ふれない」のを、私なりのけじめとしている。猫の方も、抱くのをせがむような甘えた声を出していたが、やがて目もくれなくなった。

そうした、限りなく無関係に近い関係が、半年くらい続いた。

『猫談』の著者山中麻弓さんは、四匹の猫と同居してかれこれ十年ほどになるそうだ。化け猫話でもはじまりそうな妙なタイトルだが、猫談の談は、談議の談。猫をはじめとする生き物を飼うことにまつわるエッセイである。

私のまわりで猫好きというと、定期入れに写真をしのばせ、子どもの成長ビデオを見せる親のように、「うちのコ」がいかにかわいいしぐさをするか、えんえんと喋る人が多いのだが、この著者はちょっと違うようだ。猫たちについ「どうちたの?」などと赤ン坊言葉を使いながら「自分で、げーっと思ったりしている」。

著者によれば、外で放し飼いされている猫の頭には、人間に対する二つの記憶がインプットされているという。飼い主に抱かれる気持ちよさ、よそでいじめられたときの恐怖。「嬉しい、でも怖い」。正反対の感情が、交互にあらわれる。だから、腕の中で喉をゴロゴロ言わせ、涎《よだれ》を垂らさんばかりにしていたかと思うと、突然ギャーッと叫んで、ふりほどいて逃げる。

そもそもゴロゴロ言うのからして、恐怖のあまり気絶するため、との説もあるそうだ。「だとしたら私は、ビの悪夢の中で『自分を絞め殺す恐ろしい存在』として登場している可能性もある」。「ビ」というのは著者の飼い猫の名だ。

こうした著者の猫に対する、あるいは猫をかわいがる自分に対する眼には、どこかさめたところがある。たぶん著者が、昨日や今日猫とつき合いはじめた人でなく、それこそ「小さな頃から生き物まみれで暮らしてきた」と語るくらい、ありとあらゆる動物を飼ってきて、いやというほど知っているからだ。「生き物に対しては、思い入れと結果はまったく関係無いのだ」と。

生き物を飼うとは、おびただしい死に立ち合うことでもある。殺したとしか言いようのないケースも。散歩させようと二階から放ったら、飛べずに落ちたヒバリの雛《ひな》。洗面器の水の中で、石鹸《せっけん》箱の蓋をふせては、くぐり抜ける芸をさせていて、蓋のへりでまっ二つに切ってしまい、半身だけぷかーっと浮いてきたメダカ。「さっきまで遊んでいた〝ゆかいな仲間〟が、いきなり〝気持ち悪いモノ〟になってしまう」「この豹変ぶりをどう飲み込んでいいのか」

ハツカネズミのオスは、しっぽをちぎられ耳がただれ、わけのわからない姿になってもなお、餌をむさぼり続け、生殖までしたが、ついにはメスと子どもたちに食べられて、骨だけが残った。ほとんど実存主義小説ばりの世界である。そうした、怪しくも奥深い世界が、ひとつひとつのエッセイに見えかくれする。

おそらく生き物の小さな体には、不条理がいっぱい詰まっているのだ。ちょっとかわいがり過ぎただけで、つぶれたりちょん切れたりしてしまうように、やわらかな体の中で、生と死がとなり合わせになっている。そしてそれは「ふれて」みて、場合によっては殺してしまって、はじめて実感できることなのだろう。

すると私は、階段のところにいたあの猫にさわってみたい誘惑にかられる。そばを歩いてもいつも、おとなしくうずくまっていた猫。毛並みにそってなでたなら、掌に背骨を感じるはずだ。ぐりぐりした凸凹《でこぼこ》。抱き上げると、皮のうすい腹がのび、重みでもって、臓器が長く垂れ下がる。小さな脳では、二つの感情が行ったり来たりするだろう。嬉しい？　でも怖い？　目を白黒させるうち、しめつけている腕にしだいに力がこもり、もがこうとしたときは、すでにもう……。

『猫談』の談は、やっぱり怪談の談かも知れない。

鳥たちの秘められた生活

スズメが表紙だ。和田剛一の写真集『W・i・n・g　野鳥生活記』。一本の枝の上に十羽くらいいるだろうか。「よくもまあ集まったこと」と声を上げたくなるくらい、まるまるとした体を押しつけ合って並んでいる。

考えてみれば、スズメなんて日本全国どこでもお目にかかれそうな鳥。わざわざ写真集で見るほどのものでもないような。それをあえて表紙にもってきたところに、この本のこの本たるゆえんがありそうだ。

日本の鳥たちの「生活」にポイントをおいた写真集。これが「地球上にはこんな珍奇なる鳥がいますよ」という本だったら、「あ、そう」で終わってしまうかもしれないが、身近な鳥だけに、見れば見るほど、親しみがわく。鳥についてはシロウトの私なので、一枚一枚がどれほど「すごい」写真なのかはわからないが、文句なしに面白い。

歩いているところだけ、餌をとる、あるいはフンをするところばかりと、見開きを、同じテーマの写真でまとめている。見開きごとのタイトルが、ややコリ過ぎの感なきにしもあらずだけれど、それはまあ、趣味の問題で、タイトルに引かれる読者もいるだろうから、よしとしよう。

　この本で私は、オオワシの着地シーンを、はじめて見た。本人（鳥）としては、大まじめなのだろうが、中年の人間の走り幅跳びのように、どすんという感じで、いかにも危なっかしい。いったいに、体重のある鳥ほど、着地はぶかっこうになるようだ。

　ウミネコが足で頭を掻《か》くというのも、はじめて知った。掻きやすいよう、飛びながら、ひょいと首を傾げる。よく、バランスをくずさないものである。著者によれば、飛行中のウミネコは「十羽に一羽の割合で」そうしているそうだ。「それだけのことだが、なんとなくおかしくて時間を費やしてしまう」という著者の気持ちは、そのまま読者のものでもある。

　全体を通してつくづく感じるのは、

「鳥ってこんなことをするのか」

　という驚き。それから、

「こんなところ、よく撮ったなあ」

のふたつに尽きる。著者は一羽のフクロウに「二ヵ月ほどくっついてみた」などと、さらりと書いてのける人だが、鳥たちとのつき合いの深さは、並々ならぬものがあるようだ。

　著者の思いは、「自然の中で美しい鳥を撮ろう」ということ。美しさとは「恋をし、子供を育て、争い、食べ、そして死んでいく」そういう「生きる美しさ」だと。「非業の死」と題し、農業用ネットにからまって死んだスズメの写真が、全体をしめくくるようにつけ加えられているのも、人間のため、美しく生を全うすることができなかった鳥たちへの、著者からの鎮魂歌ととれる。

私はこの本を、小学生の甥っ子に上げたいと思う。親たちにも上げたい。鳥については、私と同じくシロウトの人たちだから、はじめはまず「かわいい」「面白い」と騒ぐだろう。それから自然というものを、もっと知りたくなるかもしれない。そして何より、幼いもの、老いたもの、それぞれの年齢なりに、著者のいう「生きる美しさ」を、感じとるに違いない。

サルづくし年末年始

十二月某日

　今年の腰痛は今年のうちにとり除いておきましょう、とスポーツクラブへ。同じことを考えるのか、すでに休みに入ったらしい中高年の男性がたくさんいた。あるいは、家にいると、大掃除のじゃまなのか。エアロバイクを三十分こぐ。

　この運動具にめぐりあえたのは、一年の中でも特筆すべきできごとだ。こぎながら本が読める。運動不足の解消と読書の両立は、かねてよりのテーマで、ウォーキングマシーンで二宮尊徳よろしく歩きながら読もうと試みたこともあったが、上体が揺れるせいか車酔いのような症状に陥り、挫折した。エアロバイクではその問題がクリアできる。ただし、二段組の本や昔の版の文庫本はきつい。

　今日持っていったのは阿部知暁《ちさと》著『ゴリラを描きたくて』。著者の女性は、画家。二百頭以上のゴリラを訪ねただけあり、一頭一頭顔はもちろん性格の違いもわかるらしい。彼らとの交流が楽しそう。とにかくゴリラが好きでたまらないという気持ちが、びんびんに伝わってくる。人間やはり、好きなことを追い求めるのはいい。

十二月某日

十冊ほどの本とともに、正月を過ごすため親の家へ。四十近くなってもいまだ人の「妻」でも「母」でもなく「娘」であると思い知らされるのが、この季節だ。おたがい年だし、あらたまった客が来るわけでもなし「今年こそ、正月の準備は何もしないことにしよう」と、親たちと固く誓い合ったにもかかわらず、輪飾りがどうの、紅白のなますぐらいは作らねばなどと、親たちが言い出して、スーパーとの間を三回も往復した。やれやれ。

夜、風呂で、読みかけだったロバート・マイケル・パイル著、竹内和世訳『ビッグフットの謎』を読了。ヒマラヤの雪男や中国の野人の北米版と言うべき未知の類人猿を森に追ったノンフィクション、を期待したが、ほとんどが著者の思索だった。がんがんに自然保護を主張するわけではなく、ナチュラリストとしては考え深い人だと思うが、何ぶん五百ページ以上の重い本、えんえん思索が続くのは、つらい。読む方は、タイトルにもある「謎」が解明されるのか、どうしたって気になるではないか。

最後の最後で、怪しの足跡と出くわすのは、テレビの「木曜スペシャル」などで、「野人は今も森の奥深くから人間たちをじっと見つめているのかも知れない」と含みをもたせたナレーションで終わるやり方を思わせる。それもこれも、読む方の頭が、「木曜スペシャル」的になっているからか。

元日

大晦日の夜になり、姉一家四人も泊まりにきて、3LDKに七人が集うことに。年越しそばをゆでたり、つゆを作ったり山のように刻んだねぎを配ったりしながら、はたと気づけば、とうに零時を過ぎているではないか。除夜の鐘も聞かなかったし、ゆく年くる年的感慨にひたる暇もなかった。二時過ぎに就寝、九時に起きて、あらためて雑煮で、おめでとうございます。しかし、日頃ひとりぶんに慣れているので、七人となると、つゆを作るのでも洗い物でも、とにかく多い。

昼間ぼうっと中牧弘允《ひろちか》著『世界の三猿』をめくっていたら、年寄りも子どもも興味をもって覗き込んできた。世界の「見ざる、聞かざる、言わざる」像を集めたカラー図録。暮れに、新聞広告を目にし「サル年でもないのに、こんな本を買う物好きがいるだろうか」と思いつつ書店へ行ったら、三軒で売り切れていて、四軒目でようやく購入したものだ。家族の反応を見ていると、この本には何か、人の心をそそるものがあるらしい。

日本のように「ざる」と「さる」の語呂合わせができなくても、似たようなのは各地にみられるそうだ。「見ろ、聞け、言え」の肯定型も。楽しい本だが、それゆえに、文による説明ももっとほしくなる。

一月某日

親の家でまだ、ニッポンのお正月をやってます。スー・サベージ-ランバウ、ロジャー・ルーウィン著、石館康平訳『人と話すサル「カンジ」』を読む。暮れに、何の気なしに買っておいた本のひとつだが、はからずも「サルづくし」になっている。キーボードを使って人とコミュニケーションする、類人猿ボノボについての科学ノンフィクション。前にNHKの番組で見て、もっと知りたいと思っていたのだ。その期待に応えてくれるし、「言語とは何か」も考えさせる。それにしても、一家七人、常に音声多重で会話しているので、ゆっくり読めるのは、風呂かトイレの中のみ。世のおとうさんたちが、風呂やトイレが長くなるのも、わかる。

一月某日

同じくスー先生著、古市剛史監修、加地永都子訳の『カンジ』を読む。カンジのことを、もっともっと知りたい。一枚でも多く写真が見たい。これって、ほとんどファン心理だな。考え込んでいる表情なんて、どうしても人間と通じる精神世界を持っているとしか思えないのだ。カンジという名はスワヒリ語で「埋もれた宝」の意味だそうだが、日本人にはよけい親しみを感じさせる。

監修者によれば、キリスト教的世界観のもとでは、スー先生のような研究は、必ずしも受け入れられない。人は「神の似像」として、神が特別につくりたもうたものだから、その他おおぜいの動物との間には、一線を画しておきたいとする、文化的なプレッシャーがあるという。サルと人とが、あまり共通点があっては、困るのである。

ある欧米の研究者は、日本におけるサル学者との交流で来て、「こんなに気持ちよく、サルの心について語り合えたのははじめてだ」と語ったそうだ。欧米だと、まずサルに「心」があるというコンセンサスをとるまでが、非常に難しいのだとか。

一月某日

親子孫三世代がひしめき合っていたサル山的状況からは、昨日で脱し、今日からはひとりほそぼそワープロに向かったり、腰痛改善のエアロバイクをこぎに行ったり。旧年中と変わらぬ日常が、またはじまる。

しみじみ読書

私の本棚に、その人の本がいちばん多い著者といえば、藤沢周平さんである。知り合いでもないのに「さん」を付けたくなるものがこの人にはあるが、読む上で煩わしいと思うので、以下略そう。

こういうふうに表明できるのも今だからこそで、亡くなったばかりの、あちこちで追悼特集が組まれていた頃は、おいそれと言い出せなかった。まわりのオジさんたちに「実はファン」という人が後から後からわいて出て、ソバ屋なんかでも、

「オレは、あの作品のあのシーンが好きだった」

と声を詰まらせて再現する人がいたりした。藤沢作品の主要舞台である、架空の藩、海坂《うなさか》藩《はん》の屋敷町の位置関係まで、全部頭に入っている人もいて、主人公の名と作品名さえ一致しない私は、とても話に加われるものではなかったのだ。

登場するのが、石高せいぜい三十石くらいの、しがない侍。義務と上下関係とにがんじがらめになりながら、日々城勤めをするほかない姿も、いわゆる「サラリーマンの悲哀」と重

ね合わせやすかったのだろう。「オレたちの藤沢周平」について語る男たちの背中には、「女子どもにはけっしてわかるまい」という気迫のようなものさえみなぎっていたのであった。

私はさきに書いたように、主人公の名を全部言えるほど勤勉な読者ではないが、それでもファンであることはある。書店に行くたび、新刊でない文庫も常に平積みになっていて、あまりに売れているようなので、（いったいどんなものか）と短編集『冤罪』を買ったのがはじまりだ。

（時代小説なんて、刀を振り回したり返り血を浴びたりで、和をもって貴しとなす私には、きっと合わないだろう）と思っていたら、まるで違った。斬った張ったのイメージからは思いもよらない、明るくふくよかな読後感。それから書店に通っては、せっせと購入したのである。

ファンであり続けることができたのには、作者の風貌も大きい。作者の顔を見たら、作品から抱いていたイメージと違い過ぎ、裏切られたような気がすることは、よくあるものだ。この作者についても、作品を好きになるにつれ、（これでもし、思っているのと正反対の、ぎんぎんに脂ぎった人だったらどうしよう）と不安がつのった。

ある日出版広告の写真が、ふいうち的に目に飛び込んできた。そのときはほっとした。世俗の欲からはいかにも遠そうなたたずまい。山形師範学校に学び、子どもたちを教えていたという経歴までも似つかわしい。作者の顔や人となりが、作品とこれほど一致しているケースも、めずらしいのではあるまいか。

訃報に接したときは「あー、もう読めないのか」と心からがっかりした。ニュースでよく言う「惜しい人をなくしました」とは、こういうときのためにある言葉だと思った。

作品を①武家もの②剣豪もの③市井《しせい》ものに分けるとすれば、好きなのは①である。②はどうしても①よりは血を見る回数が多い。③はどうかと言うと、主人公が「おめえさん、何かい」式で話すより、①のように「それがしは……でござる」といった折り目正しい言葉づかいをする方が、私の趣味にかなっている。また③は、殺しの動機にしても、今ひとつ直情径行型と言おうか。武家社会の上下関係や、守るべきしきたり、価値観など、人の生き方に枠をはめようとする規範が、個々人のまわりに固く張りめぐらされていてこそ、その中における人の心のちょっとした陰影が、際立った印象を残すのだ。

①の中で一冊を挙げるなら、『蟬しぐれ』に尽きる。愛読者の方には、説明するまでもないだろうが、少年藩士の成長物語である。下級武士の子ながら、文武の道に励みすくすくと育っていた主人公、文四郎に、十六の夏、過酷な運命が訪れる。父が藩の派閥抗争に巻き込まれ、死罪となるのだ。続いて、幼なじみの少女、ふくとの別れ。江戸屋敷に奉公に出たふくは、やがて殿のお手つきとなり、その子をめぐって、藩にふたたび派閥抗争が起きる。

私は黄門様のドラマでも、印籠《いんろう》が出ると胸のすく思いがする単純な人間なので、読書でも「ここぞ」というところで泣ける。またこの本は、さすが『蟬しぐれ』と題するだけあり、「ここぞ」のシーンで蟬が鳴くようにできているのだ。

例えば、死におもむく父と、寺で束の間の対面を終え、外に出たとき。「狂ったように鳴き立てる蟬の声が聞こえて来た」。文四郎の胸に、父に伝えたかったことが溢《あふ》れる。永遠の別れなのに、どうして言えなかったのか。頰を濡らす文四郎に、友がそっと言葉をかける。「そういうものだ。人間は後悔するように出来ておる」

ここで「後悔を抱えて生きる」という、私が共感してやまない、そしてこの後も作中で繰り返し語られるテーマが、蟬の声をバックに出る。

まだ鳴いている。父の切腹した暑い暑い日。なきがらを車に載せ、炎天下の道を引いていく。反逆のかどで腹を切らされた者とて、昨日までの友も近づこうとしない。照りつける日ざしと蟬の声が、文四郎に降りかかる。ふいに小走りに駆け寄る少女。ふくだ。「そばまで来ると、車の上の遺体に手を合わせ、それから歩き出した文四郎によりそって梶棒をつかんだ。無言のままの眼から涙がこぼれるのをそのままに、ふくは一心な力をこめて梶棒をひいていた」

私の目からも、涙が盛大に流れ出る。何度読み返してもだ。むしろ回を重ねるほど、「蟬」

の文字と涙が条件反射のようになってくる。

まわりの女性にも、藤沢ファンは少なくない。先だっても、仕事で同年代の女性と話していたら、実はおたがいファンだとわかった。その人は私よりもっとすごくて、ひととおり読んでいるのに、全集をまた買ってしまったそうだ。本棚に「藤沢周平」の文字があると、落ち着くという。「あらー、それは心がちょっと『ふるさとへ廻る六部』状態なんじゃないの」と、藤沢ファンにしか通じないであろう台詞《せりふ》でからかったが、その気持ち、わかる。

女性も外へ出ると「七人の敵がいる」ではないけれど、何かとストレスも多い。引きこもりは主に男性の症状のようになってしまったが、女性にしたって、「もうたまらん。このままずっと誰とも接しないで家にいたい」と思うこともあろう。そのときの精神安定剤と言っては、藤沢周平に悪いが、そういう効果があることは、たしかだ。

寝しなに、ほっと本を開く。そのとき、あまり暗い読後感が残っては困るのだ。明日もまた人の中へ出ていくからには、どこか一点、人間を信じられる肯定的なものがないと。

その条件に『三屋清左衛門残日録』のラストはぴったりである。隠居の清左衛門は、中風で倒れた友が、杖にすがり懸命に歩く姿に、胸打たれる。今で言うリハビリだ。「早春の光の下で虫のようなしかし辛抱強い動きを繰り返していた」

思うにまかせぬ人生、後悔も多いだろう。が「いよいよ死ぬそのときまでは、人間はあたえられた命をいとおしみ、力を尽くして生き抜かねばならぬ」。

こんな気恥ずかしいほどまじめなメッセージを、男女の別なく届けられるのも、藤沢さん（ここでがまんしきれず「さん」を付けてしまうが）ならではだと思う。

ウイルスがいっぱい

ウイルスに関する本が、書店にもずいぶん多くなった気がする。あるいは自分の目が、そういう棚へ向くようになったということか。エイズやエボラ出血熱のせいで、人々の関心が高まっていることは確かだろう。

現代医学をもってしても克服できないウイルス病はしばしば、人間に対する自然からの制裁だ、と文明批評的に語られる。が、それとは別に、ウイルスや、ウイルス研究界に何が起きているのかを、基本から正しく知っておく必要があるなとは思っていた。

そうした問いに答えてくれるのが、ロビン・マランツ・ヘニッグ著、長野敬、赤松眞紀訳『ウイルスの反乱』だ。科学書、翻訳本ということで、読みにくいのではと思われるかも知れないが、心配は要らない。人がばたばた倒れ、血しぶきが飛び散って、といった劇画チックな描き方こそないけれど、初心者にもちゃんと理解できるようになっている。「還元主義」との言葉ひとつにも「還元主義とは、物質をできる限り小さな本質にまで分解して、それを研究する過程を言う」との説明を、すかさずつけ足すという気のくばりようだ。

ひとつには著者が、研究者ではなくライター、著者の言うところのアウトサイダーだからだろう。

もうひとつは、科学は、とりわけこの出現ウイルスの問題は、専門家だけのものにしてはいけないという、著者の信念のためだと思う。それがもっともよく表れるのは最終章だが、その前に、ウイルスについて少し。

ウイルスの出現が、突然変異によるケースは、実はとてもまれだという。むしろ「人間の作り出した条件によって、すでに存在しているウイルスが、地理的あるいは生物種間の境界を越える」のだと。

一例が、一九五〇年代、アメリカ陸軍の兵士らが罹《かか》った出血熱だ。二千人が感染し、死亡率は十パーセントを越えた。原因は、アジアの田舎にみられる野ネズミが、何百年と持ち続けていたウイルス。朝鮮戦争の際、兵士と「異常接近」したことで、感染し、出血熱を引き起こした。同じ病気が一九七〇年代末、今度はソウルで流行する。急速な都市の拡大により、野ネズミと町のネズミが接近し、ソウルを出たことのない人まで、野ネズミの持っていたウイルスにさらされるようになったのだ。こうした具体例を、著者はいくつも挙げている。

にも関わらず、つい近年まで、研究界でも、ウイルスの出現は突然変異によると思われていた。それには、次のような事情がある。エイズが世界的に注目されはじめた頃は、ちょうど分子生物学が主流になるのと、時期を一にしていた。生物学で扱うことのほとんどは、遺伝子で説明できると考えた研究者たちは、新たに出現したウイルスについても、その考え方にとらわれていたのだ。

そうしたいきさつ、すなわち生物学が還元主義に向かう傾向に、著者は最終章で批判的にふれる。このへんが、アウトサイダーとしての著者らしさが、もっともよく出ているところだろう。ウイルスそのものだけでなく、研究界のありかたも、離れたスタンスでとらえることができる。専門分野の間の、壁も高い。異なる分野の者どうし話し合うのがいかに難しいか、取材を通じ、著者はつくづく感じたようだ。

が、ウイルスの方は、研究界の事情などにかまってはいない。科学者たちは今こそ、専門にこだわらず、学際的な研究を進めることが求められている。そのあたりに著者は、ひとつの可能性を見出す。分野間の境界を越えた、新しい生物学、新しい科学が「出現」する可能性である。

数学が好きになる

知り合いの女性は、息子が小学校の高学年になったので、少しは母親風を吹かして勉強の世話でもするかと、「どれ、見せてごらん」。算数のドリルを横取りした。何ごともマイペースでやりたがる子なので、これまでは放ったらかしだったのだ。

文章題をひと目見て、

（こ、こんなことやってるの⁉）

その昔、自分を苦しめた「つるかめ算」や「旅人算」がそのままそっくり載っているではないか。「つるかめ」なんて古めかしい名からして、自分たちの頃ですでに前世紀の遺物であり、指導要領からはとっくに消えたものと思っていたのに。

（や、やばい）

悪夢がよみがえり、額に汗がにじんだが、解けずに返しては、母親風を吹かす余地がない。追い詰められて、うんうんとうなっていたら、「もういいよ、お母さん。自分でやった方が早い」。息子がさめた声とともに、ドリルを奪い返して去ってしまった。

（こりゃ、世間の親が塾にやるのもわかる）と感じたそうだ。

私もあの「つるかめ算」は嫌だった。「つるとかめが合わせて四十いて、足は百本あります。つるは何羽、かめは何匹でしょう」なんて、足の形状を見ればわかる、と言いたい。そもそも現実生活で、つるとかめが大集合することなどあろうか。

（いったいどういうシチュエーションで、こんなものが必要なんだ！）

と怒っていたのだ。

のちに中学でx、yを習い、なーんだと思った。つるがどうした、かめがどうしたと考えなくても、$x+y=40$、$2x+4y=100$、ですむのである。じきに、それひとつですむやり方を習うのに、わざわざもって回ったやり方を覚えさせられたのは、なんたる不合理と、またぞろ腹が立ってきたのだった。

数学の入門書の著作が多い遠山啓は『無限と連続』の中で、「数式を使わないで数学を説明することは、音符を使わないで音楽を説明するよりはるかにむつかしい」と書いている。つるかめ算のことを思うと、うなずけるものがある。

その私もxやyに平方根がついたりすると、もうだめである。学校を離れて何十年もすれば、数式を見るだけで頭が痛くなる、というのが、文系の人間の常ではなかろうか。そこで、「音符が読めなくても、感受性さえあれば」音楽を鑑賞できるのと同じに、数式なしで数学を「鑑賞」できるようにとの試みだが、かんじんの「感受性」が、自分にありやなしや。

ハンス・マグヌス・エンツェンスベルガー著、ベルナー絵、丘沢静也訳『数の悪魔』は、子どもから大人まで、数学嫌いの人のために書かれた絵本。割り切れない数が出てくるだけでかんしゃくを起こすロバート少年が、夢の中で、悪魔の授業を受ける。

はじめは、物語じたてがもどかしくて、「早く本題に入れ、本題に」といらついたが、その物語がすでに本題なのだとわかった。悪魔がくり広げる、さまざまな数列のマジックに、「あらー、不思議、まー、なんでこうなるの」とあっけにとられるまま読み通してしまったが、あとがきによれば実は、「文部省のカリキュラム係なら、目を白黒させるかもしれない」ほど、高度な内容だったとか。そうと感じさせない、著者のテクニックはたいしたもの。

この本にも、零という数のすごさは出てくるが、そのへんを詳しく書いたのが吉田洋一著『零の発見』。かつて世界史の教科書に、「この頃、インドで零が発見された」との一行があり、「ふうん、零ってもとからあるのではなく、『発見』されるものだったのか」と思った記憶があるが、まさにそうで、私たちが今ふつうに行っている位取り記数法も筆算も、それなしにはあり得なかった。発見者は不詳。

この本は、数学読み物としてはロングセラー中のロングセラーで、初版が一九三九年、現在に至るまで版を重ね続けている。

それにしても、なぜインドで？　と思うが、藤原正彦著『心は孤独な数学者』を読むと、その背景となる文化的伝統がわかる気がする。数学者による数学者の伝記で、中でもインド人、ラマヌジャンの章が興味深い。この人は桁はずれの天才で、イギリス植民地時代、とある田舎の村に生まれ、独学で定理や公式を次々と発見し、ノートに書きとめるのを楽しみとしていたが、内容があまりにすご過ぎ、どのくらいすごいかを判断できる人が、インドじゅうどこにもいない、というくらいの人だった。宗主国のケンブリッジの先生にまでノートがわたり、この定理をどうやって導いたか「証明」をつけてほしい旨、先生は手紙で求めるが、正規の教育を受けたことのないラマヌジャンは、「証明」の何たるかがわからない。やがて、先生の招きにより、ケンブリッジで学ぶことになるのだが……。

「数学や自然科学における発見のほとんどすべては、ある種の論理的必然、歴史的必然がある」。アインシュタインの相対性理論は、彼でなくても、誰かが二年以内に発見しただろうと言われる。ラマヌジャンの公式はそうではない。「なぜそんな公式を思い付いたのか見当がつかない」という種類の天才なのだと、著者。そのへんの位置付けをしっかりとおさえられるのが、自らも数学者である著者ならではだろう。

著者によれば、数学にも「美しい」数学と、人為的で醜い数学とがあり、後者は「鑑賞」

に耐えぬばかりか、有用性にも欠ける。時代を超えて残るのは、前者である。

モーツァルトの話を思い出す。彼は曲を頭で考え出すというより、音楽の方から彼の前に現れて、それをひたすら譜面に写しとったら一編の交響曲が生まれていた、ということを、手紙に書いているそうだ。ラマヌジャンにとっての公式や定理も、同じようなものではないか。インドの伝統では、数学上の発見も、神のお告げとみなし、発見者の名も残さず、神への讃歌として、韻を踏んだ詞の形で記し、歌い継がれてきたという。

数学を音楽になぞらえるのは、単なる比喩以上に、深い本質をついているのかも知れない。

体の不思議

好奇心のおもむく先はいろいろだが、こと自分の内側に向けられると、文系の人間はつい、心とか精神の方へいってしまう。私とは何ぞや、という問いである。考えに考え、デカルトのように、われ思う、ゆえにわれあり、となったりする。

たまには、少し趣向を変えて、「こころ」ではなく「からだ」の方から、自分のナカミを覗いてみようというわけで、ここでのテーマは「からだ探険」。そして、新書には、案内役となりそうな本が、たくさんある。新書というと、なんとなく人文社会のイメージがあったけれど、本屋で棚を眺めてみれば、理系の先生による、科学読み物のような本も多いのだ。

「こころ」と「からだ」の中間と思われがちなのが、神経。小長谷正明著『神経内科』『脳と神経内科』によれば、医者でさえ、神経を病むとは心の病気、うち重いものが精神科で、比較的軽いものは神経内科、と思い込んでいる人がいるそうだ。が、それは間違いとか。

この本だけでなく、後に紹介する本にも通じるが、ヒトのからだというものを、まず、トータルなシステムとしてとらえる。感覚は、情報としてケーブル＝神経を伝わり、中央コンピューター＝脳で処理され、ケーブルを通って、命令が下される。必要な情報は、脳にメモリーされる。

神経内科は、そのシステムのどこにトラブルがあって、症状が出るかを考える。精神科は唯心的に、神経内科は唯物的にとらえるという違いがあるそうだ。ちなみに、体内の情報伝達メディアには、神経系の他にもうひとつあり、血液中を流れるホルモンによる、内分泌系がそう。前者を有線システムとすれば、後者は無線システムと、喩《たと》えが実にわかりやすい。

このように、神経のしくみをやさしく説明する。歩くときいちいち「足をこう振り出して」と考えずにすむのも、小脳に書き込まれた、歩くことのプログラムが立ち上がるからとか。だからこそ二宮尊徳は、歩きながら本も読めたわけだ。こうしたしくみは、人々が情報機器になじむにつれ、ずいぶんと理解しやすくなっただろう。

ちなみに、ヒトが四本足歩行に戻るかのように、手と足を床につく姿勢をとって、身体の表面の感覚を支配する神経を、脊椎骨《せきついこつ》ひとつ分ずつ塗り分けると、シマウマさながらのみごとな縦じま模様になるという。はるか昔、ナマコやナメクジウオといったわれわれの遠い遠いご先祖さまが、単純なチューブのような体をしていた頃も、神経は、体の軸に対し、輪切りの方向にのびていた。その頃からすれば、はるかに複雑な体つきになったのに、この共通性、なんとも不思議ではないか。

われわれは、はじめはみな、一個の細胞、受精卵だ。それが、ハエはハエの形に、カエルならカエルの形になっていく。この、卵から親のからだにうつり変わる、ボディープランともいうべきものが、どうしてできるか、どこに書き込まれているかを考えるのが、岡田節人著『からだの設計図』。発生というと、理科の教科書の影響で、つい、ウニを思い出してしまうが、ウニのみならず、ヒトをヒトたらしめるものは何かという、根本の問いに関わるものなのだ。

設計図の基《もと》となるのは、背腹の軸。まん丸な（ものによっては楕円）の卵の、あるところに軸が定まる、発生にとって決定的なイベントは、あっと驚くようなしかけで起こるが、詳しくは本書にゆずろう。

地球上には、かくもさまざまな生物がおり、発生は生物の多様性を支えるプロセスであるわけだが、このプロセスの大きな役割を担う遺伝子は、ハエとヒトの間でさえ、共通部分を持っている。遺伝子のレベルまで覗けば、そこには壮大な普遍が存在する。生物学とは、普遍と多様の矛盾における、悩みの体験であるという、著者の言葉が、意味深い。

われわれは自分の中で、臓器がどのように位置しているか、おおまかに知ってはいるが、ふだん気にすることはない。それを、いやおうなしに感じさせられるのは、文字どおり、体をこわしたとき。私もひと頃、胃の調子が悪かったときは、目を覚ますともうムカムカし、起きている間じゅう、胃の存在を意識していた。「ああ、一日でも、胃のあることを忘れて生活できたら、どんなにいいか」と思ったほどだ。

伊藤漸著『胃は悩んでいる』によると、胃は起きている間どころか、眠っている間も、それこそひと晩じゅう、働いている。胃の主な仕事は消化だが、それがすんでも、やれやれと休んでいるわけではない。食後の三、四倍の力をふりしぼって収縮し、胃の中をせっせと掃除しているのだ。収縮は、モチリンというホルモンに反応し、およそ百分間隔で起こる。まさしく腹時計である。

この空腹期収縮の発見にまつわる、エピソードも面白いが、本の方でじゅうぶん味わっていただくとして、当の胃、掃除が終わると、胃酸の分泌は止まる。胃には内在性の神経系があり、たいていのことは自分でできるようになっている。ところが、幸か不幸か、外来性の中枢神経の支配も受けているので、二つの関係がおかしくなると、たいへんだ。中枢神経の命令で酸を出し、一方でモチリンの言うこともきこうと、けなげに収縮するものだから、強酸性の胃液を、ぐるぐるとかき回すことになる。

ストレスで孔《あな》があく、などという悲惨なことになるのも、ひとえに胃が、神経の二重支配の下にあるからだ。

お前だけでない、俺だって考えているぞ、と訴える声が、下の方から聞こえる。藤田恒夫著『腸は考える』。

例えば胃酸が腸に入ると、賢い腸はいち早く気づき、アルカリ性の膵液《すいえき》や胆汁《たんじゅう》でもって、ただちに中和にかかる。でなければ、腸に孔があいてしまう。

もうひとつの例。腸の一部を切りとり、筒状になったものに、梅干しの種を入れると、必ず、もと肛門のあった方に運ばれる。すなわち、脳や中枢神経系の命令がなくても、内容物の化学的、機械的情報を感じとり、自分で対応しているのだ。「小さな脳」と呼ばれるゆえんである。

腸の中の、化学的情報を受けとるセンサー細胞は、自分でホルモンも分泌する、一人二役の細胞であることを、著者のグループは発見したが、その後がふるっている。自分たちのみつけた細胞を、よりよく理解してもらおうと、なんと細胞をかたどった和菓子を、地元新潟の老舗に頼んで作ってもらい、「銘菓　月風《げっぷう》の由来」と書いたしおりを入れ、研究会で配ったとか。なぜ「月風」と名づけられたかは、読んでのお楽しみ。

この本、腸の話もさることながら、研究に取り組む人々のキャラクターや交流録が、読んでいて、とても楽しい。ゴキブリの研究で知られ、ゴキブリの女王と呼ばれる美人学者は、京都から新潟に訪ねてきて、初対面の挨拶もそこそこに、「先生、これが撮りたてのゴキブリの中腸の写真です」と、ハンドバッグからいそいそと写真を取り出す。

また別の先生は、研究材料であるクジラの胃をかつぎ、電車に揺られていたところ、となりに、医局の古い友だちが、ゴルフバッグをかついで乗ってきた。友とわが身を引き比べ、少しく複雑な気持ちになったが、「同じ道楽のため、何かかつぐなら、学問という道楽のために、人があっと驚くものをかついだ方が、面白いじゃないか」と考え直し、ふっきれたとか。

そう、学問は道楽、この道ひとすじといった、求道の姿をとるよりも、気まぐれな遊びの姿をしている方が、人間にふさわしいではないかと、著者は言う。

知的好奇心の、健全なありかたをみるようで、読後感はすがすがしい。

心臓が覚えている

心臓は単なるポンプ。生きるためになくてはならないものではあるけれど、感情の宿るところではない。クレアはそう信じてきた。

ダンサーをしていた四十七歳のとき、原発性肺高血圧症という難病にかかっていることがわかり、心肺同時移植手術を受けた。クレア・シルヴィア、ウィリアム・ノヴァック著、飛田野裕子訳『記憶する心臓』は、手術後の彼女に起こったできごとを描く、ノンフィクションである。

手術は成功した。インタビューにきたカメラの前で、リハビリ用の自転車にまたがる彼女は、「今、いちばんしたいことは?」とのリポーターの問いにこう答える。「たった今、すごくビールが飲みたいわ」。言ってから、首を傾げた。生まれてこのかた、どんなに喉が渇いても、ビールでうるおしたいと思ったことなどなかったのに、なぜ?

退院後、はじめて車の運転を許可されたときも、これまで近寄りもしなかったファーストフードの店に、気がつけば乗り入れていた。

食べ物の好み、生活習慣、性格の変わりようにとまどうことが、続出する。手術の影響、薬の影響かとも思った。それだけでは説明できない。もしかして、ドナー（臓器提供者）のパーソナリティを受け継いだのか。

あれこれと考えるうち、過去の新聞記事から、ドナーが誰かを突き止めて、遺族の話により、手術後自分につけ加わった嗜好や性格は、まさにドナーのものだったと知る。

そう聞くと、眉に唾する読者もいるかもしれない。偶然の一致なのではと。著者も精神分析家を訪ねたり、他のレシピアント（移植を受ける者）を調査したりした。その結果、手術後の変化は、自分ひとりの体験ではないとわかる。本書では、他の人の例も語られる。

投げかけられているのは、古典的な問いだ。心はどこにあるのか。

同時に、臓器移植にともなう、新たな問題とも言える。死してなお、パーソナリティの一部は生き続けるのか。「脳死は人の死か」については、さまざまに論議されているが、レシピアントの側から、このような問いが示されようとは、ほとんどの人が予想しなかったのではないだろうか。

答を探し、さまざまな分野の研究者を、著者は訪ねる。生物学者、神経心理学者、精神医学者にしてエネルギーシステムの研究者、霊媒……。その中で「細胞記憶」という概念が、謎を解くカギのひとつになりそうだと知る。現代医学では受け入れがたい考え方だろうが、著者いわく「臨死体験についても、われわれは以前はごくまれな現象と考えていた」。が、症例に接する機会が多くなるにつれ、メカニズムはどうあれ、現象としては、よくあるものらしいとわかってきた。それと同じではないか、との言い方は、なるほどと思わせる。

もうひとつ、著者が提出しているのは、レシピアントの心のケアの問題だ。移植を受けられて感謝すべきだ、幸せに思えと、医者、看護師、家族まで口を揃える。感謝はしている。が、死のふちから生き返る、そのことのもたらす衝撃は筆舌に尽くしがたい。人の命とひきかえにしたことで、精神的後遺症に悩まされる人もいるそうだ。加えて、この本に書かれたような自己同一性の危機に直面する。著者は積極的に情報を集め、病気に立ち向かってきた人だが、「医学的側面に目を奪われるあまりに、よもや手術の結果としてこれほど複雑な感情を抱えこむことになるとは思いもよらなかった」。臓器移植の見落とされがちな一面だ。

著者の人となりだろうか、さばさばとした、ユーモラスでさえある文章が快い。不可思議な体験におしつぶされず、生命の神秘に向かって、あらたな挑戦を続けていく、一女性の前向きな姿に勇気づけられる。

ひらがなの人、漢字の人

国技館に相撲を観にいき、横綱が登場する段になると、はらはらする。土俵入りのときが、特にそうだ。

土俵入りは、曙と貴乃花のふたりの横綱により、ひとりずつ行われる。そうすると、貴乃花の方が、声援が断然多いのである。シコを踏むのに合わせての、

「ヨイショ」

というかけ声も、貴乃花のときは館内が揺れんばかりなのに、曙になると、ほんのまばらだ。

貴乃花は日本人だけど、曙は外国人力士だから、などというケチな理由でこうなるとは、考えたくない。が、曙はあれでなかなか感じやすい性格だから、そう思ってしまわないだろうか。

私はへんに気づかいして、

「アケボノー、アケボノーッ」

とムキになって叫び、あらん限りの力をこめて拍手する。おかげで、土俵入りをすませて、花道を引き上げていくころには、疲れ果ててしまう。

私は、貴乃花より曙が好きだ。

貴乃花は女にだらしないから、ではない。そんなことは、どうでもよろしい。

私が気に入らないのは、彼が横綱に昇進したときの、あの、

「フシャクシンミョウ」

というやつである。そう、不惜身命だ。

あの人はたしか、大関になったときも、何だか忘れたが、やはり漢字が四つ続く言葉を言っておった。テレビでも、わざわざフリガナつきのテロップが出たくらいだ。そういう、音を聞いてもすぐには字がわからないような言葉を使う人を、私は基本的に信じられないのである。

かたや、曙は。

彼らが揃って昇進したとき、テレビがふたりを特集していた。その中での彼のインタビューが、一語一語とまではいわないけれど、私の耳に刻まれている。

「親方が関脇になって、小錦関は大関になって、自分はどこまでできるのか、確かめたいんですよね。ほんとうに自分は強いのか、心の中で知りたいんですよね」

それを聞いたとき、これぞ綱の重みというのだろうか、

（ああ、横綱というのは、たったひとりきりで自分と向かい合っていかなければならないものなんだなあ）

ということが、私にはせつせつと伝わってきた。

（こういう人を、なんとかして支え、励ましたい）

という気持ちになった。いってみれば私は、言葉からさきに彼を好きになった。それに比べたら、貴乃花の言うことなんぞ、ほとんど右から左に素通りしていくようなものである。まあ、あの人はあの人で苦労しているのだろうし、何と言っても実績を積み重ねているから、たいしたものだとは思うけれど。

しかし、こうも考えられる。曙が不惜身命なんてことを言い出さないのも、それこそ彼が外国人で、そういう言葉をもち合わせていないからなのか、と。

そういえば、彼のほかに、この人の言葉はいいなと思ったのも、やはりネイティブな日本人ではない。

あの小さい虫、よき音して、鳴いてくれました。私なんぼ喜びました。しかし、だんだん寒くなって来ました。知っていますか、知っていませんか、すぐに死なねばならぬ

ということを。

小泉八雲の言葉である。一語一語が、聞く人の上にとどまっていく。私にはそう感じられる。

日本語を母語としない人たちこそかえって、よく届く日本語をもっているとしたら、皮肉なことだ。

世の中の人は「漢字の人」と「ひらがなの人」のふた通りに分けられると、私は常々思っている。

「漢字の人」というのは、漢字が二つ以上続く語を、やたらと使いたがる人。書き言葉においても、話し言葉においてもだ。

むろん「ひらがなの人」だって、漢字が二つ以上続く語は使う。が、それは、同じことをひらがなまじりで言えないかどうか、いったんは考えてみた上のことである。

「漢字の人」はそれをしない。そうすると、どうしても音読みの言葉が多くなる。それぞれを「音読みの人」と「訓読みの人」と言い換えてもいいかも知れない。

例えば、とある役場からのお知らせ。

昨年度に引き続き、配食サービスを実施いたします。配食は対象となる家庭に下記の日程で行いますので、ご在宅下さいますよう、万一ご不在となる場合は、電話にてご連絡下さいますようお願い申し上げます

記

配食日程　九月十五日　午後三時から五時頃まで

敬老の日に、七十歳以上の人に、夕飯を届けるというものだが、「配食」というのが、すごいと思う。しかも「実施」とくる。

「夕飯をお届けします」では、いけないのだろうか。この手紙の言うように、サービスとしてするならば、「お届けします」の方が、することの感じに合っているはずだ。

それでもつい「配食」としたくなるのは、なぜなのか。それは、その方が、

「もっともらしい」

とする考えが、社会にあるからだろう。いってみれば、私たちの社会では、ひらがなよりは漢字、訓読みより音読みである方が、「ちゃんとしたこと」とされてきたのである。

そうすると、人間のことだから、次に思いつくのは、

（漢字にさえしとけば、とりあえずかっこうだけはつくだろう）

ということに違いない。

「漢字の人」を、私が今ひとつ信用できないのは、そういうわけだ。借りものの服でもって、その場をとりつくろうようなもので、すんでしまえば、さっさと着替えてしまうのではないか。言葉がまさに「身」についていないというか、言葉と自分の体とは、何のつながりもないのである。

言葉について長々と書いてきてしまったが、天野祐吉さんの『バカだなァ』を読んでいちばんに感じたのも、言葉に関することだった。ひとことで言えば、

（ああ、この人も「ひらがなの人」だわ）

と。それは、この本の頁が、なんとなく白っぽいことからもわかる。ついでにいえば、曙か貴乃花なら、天野さんは曙が好きであろうと私は思う。

例えば、手紙の話。「拝啓」からしてまず、天野さんは気に入らない。「時下益々御清祥の段」も、しかり。心がこもっていないのが、自分でもありありとわかり、あとを続ける気がしなくなるという。かといって「残暑の候、皆様にはいかがお過ごしでいらっしゃいますか」などとは、死んでも書きたくないと、生き死にの問題にまで発展するくらいだから、たいへんなものだ。

かといって、天野さんは「コンニチワ！」とも「いやァ、暑いですね」とも書けないでいる。書きたいのはやまやまだが、それをやっちゃあおしまいというか、失礼な、と決めつけられかねないし、相手によっては怒り出すだろう。借りものの服は恥ずかしいとは思いつつ、まったくの裸でいるわけにもまたいかないのが、社会の中でがんじがらめになっている人間というものだ。

そう知っているからこそ、ますます書けなくなる。「拝啓」と「コンニチワ」の間できりきりし、挙げ句の果てに、お腹をこわしてみたりする。そのあたりが、石垣りんさんでもなく、住井すゑさん、茨木のり子さんとも違う、「天野祐吉さん」なのである。

言葉だけに限らない。

天野さんが嫌うのは、

「もっともらしい」

ことのようだ。人でも、世の中のできごとでも。

けれども、もしも書いてあるのがそれだけだったら、読んだ人は叱られたような気がして、しゅんとなってしまうことだろう。今の世の中、誰にとっても、もっともらしさを全部とっぱらって生きるのは、もっともらしく生きるよりも難しい。

にもかかわらず、天野さんの本が、そこはかとなくやさしいのはなぜか。それは、次のようなひとりごとともつかない声が、どこからか響いてくるからではないか。（そうは言っても、なかなかできないんだよね、自分でも何とかしないととは思ってるんだけどね）と。

そういう、ほっとするようなつぶやきを、どこかにとっておいてくれるところが、天野さんの本の魅力だ。と「もっともらしく」結ぶことに、照れを感じつつ、筆を擱《お》く。

V

だから女は頼られる

そこそこの年の女性が、十歳以上も年が下の男性と結婚する例を、よく聞くようになった。

女性の方は、功成り名を遂げた、というと言い過ぎだが、仕事によってある程度、世間に知られている人である。男性の方は、若く、発展途上で、可能性にあふれるともいえるし、どうなるとも知れぬ人間ということもできる。

いずれにしろ、女性は、相手が将来ものになろうと、ならなかろうと、ビクともしない経済的基盤ができていなければならない。精神的にも、少々のことではおたおたしないものがなければ。とすると、やはりいくらかの人生経験を積んだ女性となろう。

私の知る範囲でも、そこまで完全にではないが、女性主導型の夫婦が、何組かいる。まず、収入面を担うのは、妻である。夫は、まったくの無職ではないが、稼ぎはほとんどあてにならない。カメラマン、ライター、演劇関係など。

子どもが産まれたが、妻に仕事を辞められては、家計が成り立たないので、夫が一時休職し、専業主夫をしているケースもある。

ほんとうは「一時」ではなく、年がら年じゅう、休職しているようなものなのだ。が、彼らの妻は頭がいいから、けっしてそんなことは言わない。

「才能はあるけど、いっとき退いてもらっている」

というスタンスをとる。

「どうせ、家事をしてもらわなきゃならないんだから、スムーズにしてもらった方がいいじゃない。口はタダなんだから。誉め上げてすむなら、何とでも言うわ」

と妻たち。

彼女らのひとりである会社員は、結構帰りが遅くなることが多い。

「もう少し早く帰れないのか」

「ごめんごめん、いろいろと付き合いがあって」

と夫婦の男女が逆みたいな会話をしじゅう交わしながら、なんとか円満を保っている。

夫によれば、会社で働き続ける女性は、いろいろとたいへんなことはあろうけど、他に例がないわけではない。対して、保育園に毎日必ず送り迎えに来る男性は、まったくの少数派。

「うーん、やりにくいのはわかるけど、そこを何とか頑張って」

と励ます妻。そのぶん、子どもが手を離れたら、「才能」をいかすため時間を使えるのだから、と。あくまでも夫を立てる。

そのせいかどうか、彼女ら夫婦は、どのカップルも仲がいい。

彼女らの話を聞くと、男というものが、釈迦の掌の上で飛んだり跳ねたり、好きなようにでんぐり返ししている孫悟空のようにも、思えてくる。

世が世なら電話魔

龍馬といわれて、思い出すのは、何といってもあの写真だ。

国の進路を見定めるがごとく、目線をはるか先に向け、眉を引き締め、唇を固く結んでいる。時代の海に今まさに乗り出していく、といった感じである。風をはらむ帆のごとくに胸を反らし、髪などは、嵐でも何でも吹かば吹けとばかりに、くしゃくしゃだ。

私はそれを長いこと、船の甲板で撮ったものと思いこんでいた。が、今回しげしげと眺めて、はじめて知った。何のことはない、室内での写真なのだ。すると彼は、何のため、わざわざこんな姿勢をしてみせたのか。

私はそこに、彼の人間像を見る思いがする。想像するに、彼は「自分はこう生きるのだ、こういうことを成し遂げたいのだ」という考えなり計画なりを、常に何らかの「形」にしていなければ、気のすまない人間だったのではあるまいか。彼にとっての写真は、その「形」のひとつであった。幕末の志士の中では、もっとも多くの写真を残しているという。三十三年という短い生涯だったにも関わらずだ。あるいは、短かったからこそ、なのか。

手紙にも、それと同じことがいえるのではないか。今に伝えられているだけでも、およそ百三十通。そのほとんどが、脱藩してからの六年間、江戸だ京都だ長崎だと駆けずり回る合間に書かれたものだ。そうなるともう、たんなる筆まめを通り越し、「手紙魔」といえよう。彼の残した手紙や、彼をめぐる女たちとの逸話は、宮地佐一郎著『龍馬の手紙』、『龍馬百話』で読むことができる。

今の世でいえば、彼はさしずめ「電話魔」だと思う。私の知る中にも、何人かそういう男がいる。思いついたときだけかけてきて、「自分はこんな仕事をしてるんだ、あんなこともやりたいんだ」と、一方的に喋るのだ。

聞きながら私は、ああ、この人はきっと頭の中にあることをひとつひとつ言葉にしなければ、先へ進めない人なのだな、と思う。人間にはふたつの型があるのだろう、志を内におさめておく型と、外へ外へと出していくことで、自らの原動力にする型と。電話魔の人は、こちらの方だ。おそらく龍馬も、そうだった。そして、彼にとって、もっともいい聞き役となってくれたのは、女たちだった。

彼のやろうとしたことは、れっきとした革命である。男に話せば、どこからどう伝わり、ばっさり殺られるかわからない。うっかりとは、口にできない。

そこへいくと、女は別だ。しかも、その女というのも、自分は自分で成し遂げたいことがある今の女とは違うのだ。男の夢を、すなわち自分の夢としてくれる。

その例が、平井かほ。龍馬がはじめて手紙を書いた女だ。土佐の同志の妹で、文久元年（一八六一）には、京にいた。そのもとへ突然の文が届く。「天下の時勢切迫いたし候につき、高《たか》マチ袴《ばかま》、ブツサキ羽織《ばおり》、宗十郎頭巾《そうじゅうろうずきん》などなどを、ご用意ありたく存じ上げ候」。日付けは、九月十三日。勤王党結成の十二日前のことである。

用意せよといわれたのは、男の装束《しょうぞく》。男になりすまし、ともに革命に身を投じようということか。彼のため、命も捨てるつもりで彼女は待つ。が、翌年脱藩した彼は、彼女を迎えにくることなく、そのまま江戸へ向かったのであった。

おそらく、それを書いたときは、まことの思いだったのだろう。が、結果として、彼は心変わりした。女を道連れにすることはできぬと、考え直したのか、それは知らない。

ひとつだけ確かなのは、結党に踏み切るためには、彼はその志を、誰かに向けて形にしなければならなかったということだ。それが、かほへの手紙だった。その恋は、勇み立つ胸の内を文字にし終えたそのときに、おそらく終わったのである。そのときから、燃える思いは、革命の炎に転じたのだ。

文久三年、かほの兄は切腹する。六月二十九日、末の姉、乙女への手紙で、龍馬は「むごい、むごい」と悲しみをあらわにし、かほのことにもふれている。「おかほが嘆き、いかばかりか」「まだに少しは気づかいもする」と。

文久元年の手紙を、かほは死ぬまでたいせつにし、袱紗《ふくさ》に縫いつけていた。袱紗には、「あらし山　花に心のとまるとも　なれしみくにの君な忘れそ」と書かれていたという。私がもし彼女と同時代に生きていたなら、そんなふうに思い続けてはいけないと、私は彼女に言っただろう。

悲しんではいけない、忘れなければ。彼はあまりに若かった、そうして先を急ぎ過ぎていた。ちょうど彼は、時代を走り抜けたのと同じように、私たちの前をも、駆け足で過ぎていくほかなかったのだから、と。

さて、世が世なら手紙魔ならぬ電話魔、などといったものの、ここであらためて、彼が生きた百三十年前という時代を考えてみると、彼の女性観は、なかなかどうして、当時としては、一歩も二歩も進んだものだったといえそうだ。

何しろ、男尊女卑もはなはだしき時代である。女に向かって、仕事の話をするなど、もってのほか。その時代に、女への手紙に、自分は何をしてかにをしてといった話を、こうも詳しく書いているのは、あまり例がないだろう。いくら、男が相手では命とりになりかねないという理由があったにしても。仕事の話以外でも、彼は手紙で、女たちに対し、こまやかな心づかいを示している。そのことは、後に述べる。

そもそも、彼の初恋からが、当時としては、かなり変わったものだった。初恋の女かほに彼は、妻ではなく同志であることを求めたのだ。

が、後にお龍と結婚してからは、その考えは変化している。そのこともまた、後に述べる。

このお龍という女が、彼の手紙に登場するのは、慶應元年（一八六五）九月九日。姉の乙女宛の手紙である。龍馬という男、かほのときもそうだったが、よくまあ自分の女のことを、いちいち姉に報告するものだ、と思われるかも知れない。それもまた、型にはまらぬ男だったからといえるかも知れないが、それ以上に、彼とこの姉との結びつきは、強いものがあったようだ。何しろ、弱虫で泳ぐこともできなかった幼い彼を、竿の先にくくりつけて川に放りこむという、父親にもできないような教育を施した姉である。子どもの頃に母をなくした彼にとっては、まことに母親代わりだったといえよう。その姉にあてた手紙で、お龍のことを「まことにおもしろき女」と紹介している。

それによると、お龍はなかなか、男まさりの女である。父に死なれ、妹は売られてしまったが、妹をとり返すべく、「悪者ふたりを相手に、死ぬる覚悟にて、刃物ふところにして喧嘩」「殺せ殺せといいけるに」ついに、妹をとり戻す。「めずらしき事なり」

そんなふうに、彼女を披露した後で、「何とぞ帯か着物か、ひとつこの者におつかわし下されたく」と頼んでいる。「この女、乙女姉をして、しんの姉のように会いたがり候」と、ふたりの女の間をとりもつことも忘れない。

このあたりの気づかいは、彼ならではのものだ。姉たちに囲まれて育ったために、女心をわかる男になっていたからか。あるいは、国を離れて、さまざまな人にもまれるうち、男女を問わず、人間というものへの想像力と思いやりが、培われてきたからか。たしかに、この手紙には、初恋の頃とはちがう、彼の成長ぶりを見ることができる。

彼が妻としたのは、手紙にあるように男ふたりとも堂々とわたり合う「おもしろい女」だった。彼らしいといえば彼らしい。

が、その妻に求めたのは、かつてかほに求めたような、同志ではなかった。慶應三年六月二十四日の、乙女への手紙にある。「妻に日々申し聞かせていることは、龍馬は国家のため、骨身を砕いているのだから、この龍馬をよくいたわりてくれるが国家のためにて、けして天下の国家のと云うことは、いらぬこと」と。

龍馬はこの妻をだいじにしたが、その後ろには、彼を妻ごと庇護する、もうひとりの女がいた。寺田屋の女主人、お登勢《とせ》である。彼女は、ときに龍馬に代わり、お龍を引きとっている。後には、お龍の母親までも世話している。そのことを、龍馬が頼んだ手紙もある。慶應二年十一月二十日。「なおよろしくおしかり下されたく、実にへちゃくちゃ分かりかね候人なれば、実にお気の毒に候」とある。ちょっとふざけた頼み方から、彼女には、いかに心やすくしていたかがわかる。

京にいる間は、まるで自分の家のように住みついている。そして彼女を、「おかあ」と呼んだ。彼よりも六つ、姉の乙女より三つ上。二人の女は、たがいによく似ていたことを、写真が今に伝えている。

私は、龍馬という男は、生涯「甘ったれの、やんちゃな弟」であり続けたのだと思う。女たちが、何のかのいいながら、面倒を見ずにはいられなくなるような。たしかに、心ばえがおおらかで、人なつこく、女に対しこまやかな気づかいができた彼は、年上の女から愛されるものを備えていた。

むろん、一人前の男になれば、ひとりの女を守りたい、甘えさせてやりたいという欲求も生まれただろう。お龍がまさに、そうだった。が、彼女のような「妹的な」女をそばに置きながら、「姉的な」あるいは「母的な」女も、常に必要としていた。甘えさせてくれ、いざとなったら尽くしてもくれる、そういう女たちを、彼は生涯にわたり、うまく配置したといえる。

彼は、自らが女たちに支えられた存在であることを知っていた。男の仕事に、駆けずり回りながらも、自分がそうしていられるのは女たちあってこそだと知っていた。

龍馬が女性観においても進歩的だったといわれるのは、その認識があったからだろう。

男と女の老人力

父は七十過ぎてから、物忘れが激しくなってきた。

「××さんのところに持っていくのは、虎屋の羊羹《ようかん》でいいんですよね。ヨウコに今日買ってきてもらいました」

母の報告を、「ふむ、ふむ。そう」と調子よく返事しながら聞いていても、そのすぐあと、下駄箱の上にあがっている箱を見て、

「お、いい羊羹があるね。どうしたの」

家族の言うことが右から左へ素通りのようなのだ。

そういうことがあまりに重なるので、年も年だし、病院に連れていき、検査を受けることにした。知能テストの判定は、意外にも「二十代の活発な頭脳」。ＭＲＩの結果も、異常ない。

「そんなはずはありません、先生」

母と私は食い下がった。

「父は私たちが今さっき言ったことも、もう忘れているんです」

先生は名医であった。「それは、忘れるんではなくて、聞いていないだけです」

先生の言うには、お父さんのように人生経験を積めば、聞くふりはするかも知れないけれど、自分にとってたいしたことではないなと思うと、耳を傾けない。はじめから頭に入れようとしていないのだから、記憶力がどうのと心配するにはあたらない、と。

なるほどと、感心した。父くらいの年になると、注意を払うべきこととそうでないことを、耳の段階で取捨選択しているのか。タイミングよく相づちをうち、周囲との和を保ちつつ、人知れずオリジナルな情報処理をしていたらしい。

赤瀬川原平さんの『老人力』では、まっ先に父のその能力を思い出した。本によると、老人力とは最近発見された新しい「エネルギー」だ。物忘れがひどくなり、これ、それ、あれ、どれといった「こそあど言葉」がやたら多くなった赤瀬川さんを、友人たちが「ボケた」と言わず、「老人力がついた」と言うことにした。何かとマイナスイメージの老いを、プラスにとらえ直したのである。

私は内心、「それもまた痩せ我慢的。ボケと言われようが何だろうが、ひょうひょうとしていられるのが年の功《こう》ってものでは？」と思わなくもなかったが、人々の圧倒的な支持を得て、ひとつのブームになってしまった。ご当人も目を白黒させているに違いない。

世間の反応のすごさから、かえって「誰でも年をとると知ってはいても、いざそうなると泰然自若《たいぜんじじゃく》とはしていられないものなのだな」と感じてしまう。著者のところには、講演やシンポジウムの依頼がずいぶんあるそうだが、あんまりたて込んでくると、今度はその日時や場所を忘れてしまったりしないだろうか。

忘れるということについては、内田百閒著『百鬼園先生言行録』の「忘却」と題する項が、含蓄《がんちく》が深い。東北帝国大学の学生に向けた講演録だ。いわく、諸君は詰め込み教育でふうふう言っているわけだが、覚えた以上忘れないようにするというのは、ケチな考えである。覚えたことがそのまんま記憶に残っている段階とは、実はまだたいしたものではない。ふるいにかけられたり、ひとりでに消えたり、すなわち忘れた後に、一段上の境地が開ける。それは、もとから知らなかったのとは、全然違う。であるから諸君、おおいに学び、おおいに忘れなさい。

この講演をしたときの百鬼園先生は、五十そこそこのようだが、彼に比べると、高井有一の小説『夜の蟻』の主人公など、年は上のはずなのに、まだまだ人間が青いという気がしてくる。四年前に、会社を定年退職している主人公は、このほど家を取り壊し、息子の建てる二世帯住宅で暮らすことになった。

銀座をひとり歩きながら、退職した日が思い出され、だんだん腹が立ってくる。退職者は十一時に会社を去るのが慣例だった。日の高い街に、なぜ放り出すのか。昼の食堂で相席になったサラリーマンも気に入らない。なぜ聞こえよがしに、仕事の話などするのか。見る物見る物、彼をいらだたせる。急ぎ足の男とすれ違っては、わざと忙しげにしていると思い、高速道路の車にまで、なぜそんなに整然と早く行くのか、と心の中で毒づく。底にあるのは孤独感。勤めを退いた男性の多くがたどるパターンなのか。私の父は、定年前にサラリーマン人生からリタイアし、今で言うフリーターになってしまったので、参考例にならないが。

不機嫌な男たちとひきかえに、女はパワフルだ。久田恵著『繁栄ＴＯＫＹＯ裏通り』に描かれる、巣鴨のとげ抜き地蔵通りの女性たちを見よ。「おばあちゃんの原宿」と称されるそこは、高齢者ファッションの中心地。モンスラの略称で知られる、ゴムウエストのモンペスタイルのキルティング地のスラックス、あの「はいてて楽」と「暖かい」ことを追求したスラックスも、ここで生まれた。

この商店街のことは、ときどき活字になるけれど、この本が面白いわけのひとつはたぶん著者の「音感」がいいからだろう。交《か》わされるやりとりをうまく拾い、再現している。

「お母さん、どう？　純白の新品一枚買って、お嫁入りのあの日、思い出して頂戴よ」とは、失禁用のショーツ「ご利益パンツ」を売るおばさんの口上。

「皆様、楽しゅうございました。御一緒できて。ありがとうございました」「お世話になりまして。また御縁があったら……」。ゆるやかな再会を約し別れていくご婦人がた。

　赤瀬川さんの本でも、女性に老人力はありやなしやが、話題になっていたけれど、確かに男性と同じには語れない。今の高齢者のご婦人は、専業主婦がもっとも多かった時代に、妻だったり母だったりした人たちだ。夫が現役だった頃は、家に閉じ込められ「なんだ、お前、そんなことも知らないのか」などと、さんざんにバカ呼ばわりされていたのである。

　その男たちがボケてきて、「おい、俺、眼鏡どこへやったかな」「おでこの上にかけてるじゃないの。まったく日に何回同じこと聞くのよ」なんて状況が出てきた。形勢が完全に逆転したのだ。浮き浮きしないでいられようか。夫婦の間の力関係は、エネルギー保存の法則、総量は変わらないゼロサムゲームとしたら、一方がしぼめば一方が増えるのは理の当然。よって女は、ダンナがよいよいになってからがいちばん元気なのである。

「老人力」は、そうした形勢不利の中をのらりくらり生き抜くための、男の知恵かも知れない。

誰もがみんな青かった

学校時代、「国語」の教科書の詩や小説の後ろには、著者の説明とともに写真が載っていた。あれはよし悪しで、ときとして作品からのイメージと違い過ぎ、がっかりすることがある。

いちばんショックを受けたのは、名を挙げては何だが、梶井基次郎だった。「檸檬」というタイトルからして、ただのレモンとは違い、詩的な感じが漂うし、そこへ来て著者が病で夭折したとあれば、誰だって細面の美男子を想像する。ところが、写真の梶井基次郎は、今で言えば巨人の松井顔、顔の下半分がやけにごつく、柔道の黒帯が似合いそうな雰囲気だ。(見なければよかった……)と、写真を載せた教科書会社を恨んだ。別に小説は顔で書くわけではないが、ある一定の線はキープしてほしい。

そこへいくと、「これぞ文学」と言いたいような、イメージどおりの顔は、芥川龍之介と太宰治である。もの憂《う》げな横顔は、いかにも線が細そうで、病的なやつれさえ感じさせる。(「懊悩《おうのう》」もつき詰めると、こうなるわけね)と思わせる。ふたりとも自殺したというのも、なんとなくうなずけるのだった。

実は、授業ではじめて「走れメロス」を読まされたときは、そうとも感じなかった。顔と作品が一致しないと言おうか。暴虐の王につかまって、代わりに囚われとなった友のため、命をさし出すべく、さあ、急げというシチュエーションがピンとこないのもさることながら、「愛と誠の偉大な力を、いまこそ発揮してみせる」「友よ、私を殴れ」といったおおげさぶりが、音読して恥ずかしかったし、クライマックスの「友よ、私を殴れ」のくだりでは、笑い出す子までいた。つまりは、道徳の教科書にでもありそうな話で、そんな難しい顔をして書くほどのものでもないのでは、と思ったのだ。しばらくして「人間失格」を読んだときは（これが、同じ人の作品か）と呆れた。人間への信頼などどこへやら、酒と女で堕落していく男の告白が、手記としてめんめんと綴られている。

が、女がらみのところは、はっきり言って中学生にはよくわからなかったものの、幼年時代の話にはリアリティを感じた。父親から、土産に何がほしいかと訊かれた「自分」は、とっさに答えられず、父親の期待にこたえられなかったことを気に病んで、父親の手帳にシシマイと書き込み、笑いものになる。そう、子どもだって、大人の思うほど「子どもらしい」わけではなく、ときに自分を道化にしてまでサービスしたり、あれこれと心を砕いているのである。

いちばんどきっとしたのは、次のエピソード。学校でひょうきん者と思われようと、わざと尻餅をついた「自分」は、同級生に見抜かれて、耳もとで囁かれる「ワザ、ワザ」。「あの、ワザ、ワザは怖いね」と、三歳違いの姉との間でも、そのシーンが話題になった。姉もいつの間にか、読んでいたようだ。

あとの方で、青年となった「自分」は、自分の顔をこう描写していた。「陰鬱な心を少しもかくさず、ひどい歯痛に襲われてでもいるように、片手で頰をおさえ」ていたと。教科書にあった写真のポーズそのものではないか。（これこそが、太宰治なんだ）。作品がようやく顔についてきた気がして、しばらくの間、太宰を読みふけった。

子どもも中学生くらいになり、ませてくると「人間失格」とか坂口安吾の「堕落論」とか、いわゆる「子どもの本」にはけっしてないような、ワルの匂いのするタイトルにひかれるものである。その点でも、この本は、十代の気持ちにかなった。姉は「あの告白調が、妙にうつって困るよ」とこぼしていた。学校で運動会の作文を書かせられるときにも、「その時鳴り響いた、スタートを告げる鉄砲の音は、自分の耳にはかえって場違いなものにも感ぜられたのでした」などと、ついつい「手記」ふうになってしまうと。私も「頗る《すこぶ》」「甚だ《はなは》」などの漢字づかいをしては、先生から「副詞はひらがなにすること！」と朱で直されたりしていた。

なんで、姉も私も、癖がうつるまでに読みふけったか。そのわけは、少しわかる。

十代は、「人とは違う自分」を確かめたいものだ。家で学校で、親や友だちとうまくやっていても、それだけではない自分、自分にしかわからない自分が確かにいると、知りたいものだ。いわゆる、個のめざめである。

「子どもの頃から周囲に違和感をもっていた自分」を、本の中で確認することは、自分は人とは違っていると思うための、裏付けとなる。「ああ、私は小さいときから、他の子どもたちと同じようには、ものごとを感じたりできなかったんだ」と。

青くさい考えだが、十代とは、そのような年齢だから、しようがない。人と世界との関係は、そもそもがそういうもので、人は誰でも自分をとり巻く人や事物に違和感を覚えつつ、それをベースに「私」をつくり上げていくものだと知るのは、もう少し齢を重ねてからである。

今は中年となりつつある私だが、同世代の男性が「いやー、私も若いときは太宰のファンだったりしまして」などと、しんから恥ずかしそうにうち明けるのを聞くと、「わかります、わかります」と言ってあげたくなる。中学、高校の同級生でも、髪型まで太宰のようなくしゃくしゃ頭にし、好きな女の子の席からやや斜めがかった横顔が見えるような角度で、わざとものの憂げに頬杖をついているやつがいた。十代の「太宰治」には、文学へのめざめだけでなく、個のめざめ、異性へのめざめとか、その頃に出揃うべき「めざめ」が、みんな詰まっている。懐かしくも恥ずかしい青春と言おうか。

「太宰治」は大人になるとき、誰もが一度は通ってきた、通過儀礼のひとつである。

恋文の語るもの

ラブレターに類するものは、二回もらったことがある。男女共学で十六年間過ごして二回だから、頻度で言えばかなり低い。

一回目は中学一年の冬休みに、郵便で来た。差出人は、石堂某という知らない男の名であった。「新学期の初日の朝八時、八幡宮の池の裏で待つ」という、果たし状のような内容。(石堂、石堂……)考えて、わかった。バスケ部の三年だ。バスケ部の友だちが前に騒いでいたことがあるので、思い出した。

しかし、何の用だろう。池の「裏」というのが不穏である。呼び出されてシメられるようなことを、私はしたか？

(いいや。どうせ向こうは、あとわずかで卒業していく身だ)と、行くとも行かないとも返事を出さず、そのまま学校に来たら、友人に「あんた、そりゃ、告白する気だったんじゃないの」と言われた。「コクハク？」われながら男女の機微にうといと思うが、ついこの間まで小学生だったくらいだから、ピンとこなくてもしょうがない。

それからずーっと間があいて、二回目は高三のとき。やはり郵便だった。私はなんとなく、中高生の付け文というのは下駄箱や机の中にしのばせるものと思っていたが、それではまわりに発覚しやすいのだろう。

別のクラスで、家の方向が同じ男子であった。

「僕はこの感情が、単なる恋愛の観念に過ぎないのではと幾度も心に問うてみた。しかし答は常に『否！』だった」といった哲学的な文章が連ねてあって、びっくりした。しかし彼とは一、二度しか口もきいたことがなく、まさしく観念のたまものとしか言いようがない。そのときも、返事は出さなかった。今思えば彼は、サッカー選手で、勉強もでき、バスの中でもいっつも本を読んでいるという、まじめタイプで、すごくもったいないことをしたけれど、そのときはひるんでしまったのだ。ラブレターというのは、あまりに気迫があふれていても、相手をたじたじさせてしまうらしい。

森瑤子さんのエッセイ「手紙」（村松友視編『日本の名随筆　恋文』に所収）によると、若い頃の著者は、自分で思うにもラブレターが上手で、恋が実る率も高かった。が、すぐにまた次の人にラブレターを書きたくなってしまい、長続きしなかったという。恋文を綴る原動力は、ナルシシスム、もっとひらたく言えば「思い込み」なのだろうか。

日本では、ぽるとがる文《ぶみ》としてその存在が知られる恋文は、十七世紀ポルトガルの尼僧マリアンナ・アルコフォラアドが、フランスの青年士官シャミリイに宛てたもの。一冊の本となっている。手紙は五通だが、いずれも長文だ。佐藤春夫の訳が、もっとも古典的、かつ流麗な文として名高い。「ほるとがる文」の作品名で、『車塵集　ほるとがる文』におさめられている。

はじめて読んだときは、私も二十代とまだ若かったせいか、全編にむせ返るように充満する女心と、過剰とも言うべき豪華絢爛な文章にめまいがした。「わたくしにはとても得堪へられないやがてはわたくしを死なせずには措かない別離をあなたさまが思ひ立つていらつしやると知つてこのかたと申すもの、わたくしはわが目に唯絶ず泣くことばかりさせて居ります」

駐屯先で尼僧と情を通じた士官は、面倒事を恐れ、通りすがりの船に便乗し、すたこらさっさとポルトガルから逃げ出した。捨てられた怒り、恨み、憎しみ、未練がめんめんと綴られる。

手紙そのものもさることながら、佐藤春夫のつけた解説が印象深い。伝えられるところでは、シャミリイの風貌は「ロマンテックな熱情を吹き込んだ人物とはとても受取れない」もので、帰国後に娶った妻も「稀代の醜」だった。しかもその妻に対し、彼は模範的な夫であり続けた。

一方、マリアンナは八十三歳まで生きた。手紙では、今にも命の絶えそうなことを書いていた彼女が、かくも長らえたのである。「現実は飽くまでも重ね重ねの悪謔家《あくぎやくか》である」という佐藤春夫のまとめは、恋愛の実相をつかんでいる。

葉月奈津、若林尚司著『ピーチ・ブロッサムへ』は、イギリス貴族の軍人アーサーから日本女性まさに宛てた、千通の手紙から構成したノンフィクションだ。明治三十五年、大使館付きの武官として赴任したアーサーは、桃の花にも似た可憐でつつましいまさを見そめて、所帯を持つ。

帰国にあたり彼は、軍や貴族社会の掟に背いてでも、まさを伴い、イギリスで正式に結婚したいと願った。が、異国行きをためらう彼女は、いつの日か彼が再び日本勤務になるのを、二人の子とともに待つことにする。

アーサーはまさへの思いを変体仮名の文に綴る。「死ぬまで他の女性に恋心など持ちません。永遠にあなたといたいのです」。が、第一次大戦での負傷で、両足の膝関節の上まで切断。日本へ行くことはかなわなくなった。

一年後、まさに別れを告げる。イギリス女性バイオレットと結婚すると。憤慨したまさは、遺言状にある一万円の支払を迫ろうと、単身イギリスに渡る決意を書き送る。アーサーの返事は「私にはバイオレットがいます。会うことは出来かねます」「今まで通りお金を送ります。その利息は一万円より多いのです」。

結婚はいたしかたなくても、「日本に帰る」と手紙で知らせてから半年しか経たないうちとは、いくら何でも早過ぎないか。まさに事情を説明し、イギリスへ来るようもう一度促すことはできなかったのか。まさもまさだ。単身イギリスへ渡る勇気があるならば、なぜアーサーの帰国のとき、踏み切らなかったか。

バイオレットはどんな思いでいただろう。アーサーは結婚後も、書斎の壁一面をまさの写真で埋め、まさから送られた小包の紙一枚、紐一本にいたるまで捨てずにとっておいたという。私はそこにアーサーのエゴイズムを感じる。バイオレットにしたら「私は単なる家政婦兼看護師か！」と言いたくはならないか。

が、私が憤慨してもしかたない。人にはその人にしかわからぬ心の経緯があるし、アーサーにとって前線にいたことは大きかっただろう。

さまざまな恋文が語るのは、「人は変わる」ということだ。人生にはいろいろなことが起こるし、物理的距離とは、われわれがタカをくくっているほどには、小さなことではない。そして恋文は、離れているふたりの間でこそ交わされる。

インタビューでよく、連れ添って半世紀みたいな夫人が「夫から手紙をもらったのは三回きりです」などと笑いながら語っていたりするが、ラブレターの少ないカップルの方が、実は幸せなのではと思う。

貸し借りは縁の切れめ

本は傘と同じで、貸したが最後、返ってこないとぼやく人が多い。そのあたりの事情は、借りることのある私には、ようくわかる。

はじまりはだいたい、次のようなやりとりだ。

「シベリアについてなら、『デルスウ・ウザーラ』って読んだ？　黒澤明監督で映画にもなったじゃない」

「はあ（この時点で、書名か著者名かさえもわかっていない私）」

「興味ある？　だったら今度持ってくるよ。平凡社の東洋文庫にたしか入ってたと思うけど、書店ではみつけにくいだろうから」

興味ある？　と聞かれ「ありません」とは、なかなか言えないものだ。自分でも、ちょっと心ひかれはするので「お願いします」となる。

そこからだ。

買ったものと違って、借りた本は、気をつかう。風呂には持ち込めないし、寝しなに読み、万が一よだれでべこべこにしては、たいへんだ。油じみた指でめくるとしみになるので、クッキーをつまみながら、というわけにもいかない。シチュエーションが非常に制限されるのである。

ただでさえそうなのに、ヴェ・カ・アルセーニエフ著、長谷川四郎訳『デルスウ・ウザーラ』は、紙の箱入りで、布張りの表紙。いかにも汚れがつきやすそうだ。借りて半月以内なら、読まずに返すこともできよう。「古本屋にたまたま同じのがあったので買いました。こちらは、どうもありがとう」などと、理由をつけて。が、ひと月もふた月もになると、向こうは当然、熟読したと思うから、感想のひとつも述べなければならないし、突っ込んだ質問をされることもあり得る。

しだいに、相手と顔を合わせることそのものにプレッシャーを感じてくる。つい避ける。そして日々に疎くなる。本の貸し借りは、縁の切れめだ。

書棚の奥には、そのての過去を背負った本が並んでいる。私にとって、いつか読む本は、「なくした友」の数でもある。

夢中な人々

知り合いに、社内一のパソコン使いと噂される人がいる。ふつうの基準からすれば、たいしたことないかも知れないが、文系の、しかもおじさんだらけの会社にあっては、「操れる」というだけで、尊敬の念を得ているのだ。

年賀状はむろんパソコンで、「昨年はこんなことがありました」と時の流れを波状の図案で示し、写真まではめ込んだもの。

「さすが、Aさんのは凝ってる」

ともらった人どうしの間で、話題になったほどだ。年賀状なんて少しでも楽にすましたい人が多いだろうに、Aさんは、ひとつの世界を作り上げているのである。

あとでAさんに会ったとき、「もしかして、昔、昆虫少年でした?」と聞いてみた。

「そうなんです」

「昆虫のあと、鉄道にいったとか?」

「ええ。何でわかるんですか」

きょとんとするAさんの前で、(そういうタイプか)と深く合点がいったのである。

ものごとに夢中になる人は、子どもの頃から、まわりにいた。切手の収集家とか。

「オレは『見返美人』を買う」

と、おこづかいを貯めている子もいた。

知識面でもそうだった。円周率を小数点以下二十桁まで言えるとか、東海道五十三次を全部覚えているとか、貨物列車をぱっと見ただけで、何の何型とわかるとか。すごいなあ、とは思うけれど(だから何なんだ?)と言いたいようなことを暗記している子がいた。なぜか決まって、男の子であった。

のちに、そのうちのひとりがクイズ番組の高校生グランプリに輝き、「副賞のグアム旅行をもらってたわよ」と人づてに聞いたとき、なるほどとうなずいたものである。

私はと言えば、小さい頃からマニアックな情熱というものに欠けていて、今もそうだ。アマール・ナージ著、林真理、奥田祐子、山本紀夫訳『トウガラシの文化誌』みたいなものを読むと、トウガラシひとつのために二段組三百ページ以上にも及ぶ本を書いてしまう、著者のパワーに、まず圧倒される。

自らを中毒と称するほど、トウガラシにとりつかれた著者がインドの生まれと知り、「なるほどスパイスはお手のもの」と思うが、子どもの頃は、トウガラシを忌み嫌っていたとか。好きに転じたのは、北アイルランド留学時代。単調な食事に「何か刺激になるものがほしい」。以来とりことなってしまった。

起源から、辛さの測定法、タバスコソースをめぐる企業戦争まで。ボリビアの山岳地帯で祖先種を探す教授がいると聞けば、行ってともに歩き回り、メキシコに世界一辛いトウガラシがあると聞けば即、足を運ぶ。マヤ人のレストランでは、あまりの辛さに耳が聞こえなくなったり。まさに体を張った本。

行く先々で出会う愛好家たちが、面白い。温室に実っているトウガラシをもいで、ひとかけら噛んでは「スコヴィル単位で二万度くらいかね」「うーん、三万以上でないことは確か。熟したら二十万か三十万になるだろう」と、辛さの値《あたい》を言い当てる人々。「それまで静かだった温室に咳とくしゃみがたちまち響きわたり、まるでわたしたち全員がとつぜん重い流感にでもかかったようであった」。愛好家にも、辛いものは辛いのだ。日本の「熊鷹」なる品種は、十二万五千度から十五万度と、相当なものである。

動物の脳という、いっぷう変わったものに魅せられた人もいる。萬年甫《まんねんはじめ》著『動物の脳採集記』。臨床を志す医学生だった著者は、ふとしたきっかけから脳研究施設で、連続標本の美しさにふれた。脳を薄く薄く、千分の一ミリくらいにスライスし、染色ののちガラス板にはりつけ、整然と並べたものだ。教授いわく、「標本は自然そのもの。本と違ってけっして嘘は書かれていない」。

十数万枚の標本に埋もれ、「顕微鏡のぞきに夢中になっているうちに一、二年はたちまちに過ぎ、ずるずるとこの世界に引きずり込まれて臨床へ戻る機会をうしなってしまった」。やがて、無限にも思われたコレクションに、まだまだ抜けているものがあるとわかる。例えばアシカ。

そんな折り、横浜の動物園で暑さのためアシカが死んだ、との新聞記事を目にとめる。頭蓋骨を切るための鋸ひとつ持って、電車に乗った。夏の盛り、すでに腐敗してしまって、だめか？　事務所に飛び込み、頭を下げる。「お願いです。アシカの脳を下さい」サル小屋のすみで、汗だくになり、飲まず食わずで解剖を続けること、七時間。ホルマリンにつけ終ったときは、どっと疲労が押し寄せた。翌日、昼近くまで死んだように眠っていたところ、動物園からの電話で起こされる。「あのね、アシカがまた死んじゃったんだけど、要る？」

戦後まだ間もない頃。タクシーに乗るなんてぜいたくは考えられず、キリンの首を新聞紙でぐるぐる巻きにし、リュックに詰めて、びくびくしながら電車で運んだ。解剖をさせてくれた動物園の方には、なんとかお礼をしなければと、疲労困憊《こんぱい》の体で裏口を出、近くの店でなけなしの金の中から、煙草を買い進物用にくるんでもらう。若き研究者とそれを取り巻く

「貧しいけれど熱かった」時代の人々に惚れ惚れする。語り口もとても楽しい。

斎藤忠徳著『絵を描く犬』は、社会主義政権末期のポーランドを訪れた著者の体験をつづったノンフィクションだ。写真家である著者に、現地人ジャーナリストが耳打ちする。「絵を描く犬がいるんだ」と。

飼い主は六十がらみの男性。「知能犬」を作ることを夢みて、「パブロフ万歳!」と叫んで死んだ伯父の研究を、受け継いだという。この飼い主、実は反体制派のかどで服役していた過去がある。彼の恋人でアシスタントでもある若き美女は、犬のショーを足がかりに国外に脱出することを目論んでいる。かっこうの話題として狙う、ジャーナリストたち。諸々の事情を背負った人々が、それぞれの閉塞状況を打ち破るチャンスとして、「絵を描く犬」にとりつかれていく。

著者もまた、半信半疑ながらも、「いるなら撮りたい」との欲にひかれ、虚実ないまぜの人間関係に巻き込まれていくという、嘘のような、ほんとの話。

「戒厳令によって人々が夢を打ち砕かれ、ポーランド全体が極度の不安感に覆われていた、まさにその瞬間に」、くだんの犬は登場した。「何を信じて生きていけばいいのかと右往左往していた人々の前に、姿を現わしたのである」。時代の気分が、それにたまたま合ったタイミングが、人々を「絵を描く犬」に夢中にさせたのだ。

あやしげな登場人物らの向こう側に、背景である社会が見え隠れする。

分別盛り

知人の夫が四十を過ぎてから、急に「化石」を趣味としはじめたと言う。その入れ込み方がふつうでない。

アンモナイトとか三葉虫のような正しいものなら、少なくとも化石であることは、妻にもわかるが、夫が下駄箱の上に置いとくのといったら、彼女の目には、ただの石のかけら。

「漬物石にしては小さ過ぎるし、はて、何のつもり？」としばらく静観していたが、いっこうに使うようすがないので、捨ててしまった。

すると夫は、烈火のごとく怒った。十四年間の結婚生活で、こんな彼は見たことがないというほどの剣幕だったと言う。気を呑まれかけた彼女は、「ど、どっか、そのへんにあるんじゃない？」とごまかしつつ態勢を立て直し、「そんなにだいじな物なら、ちゃんとしまっておいたらどうなのよ」と反撃に出たところで、ぎょっと口をつぐんだ。

夫が、目に涙をためている。

（大の男が、石ころごときで、何だってわけ？）

呆れて、言い争う気もなくなった。夫は夫で、以後一週間、口をきいてこなかった。

ある日、夫宛に旅行会社からパンフレットが届く。後ろからそっと覗くと、

「化石発掘体験ツアー」

「秘境××島に生きた化石を訪ねる旅」

住宅ローンの月々の払いの何倍もする、それらのツアーの案内に、憑《つ》かれたように見入る後ろ姿には、思わず寒けをおぼえた。この人、今に「会社を辞めて、化石発掘に生きる」と言い出しかねない？

「しかし、なんで、化石なのかね。シュリーマンみたいに、昔から発掘少年だったわけでもないんでしょ」と私。

「知らない。不惑を過ぎた男の考えることはわからん」。妻はほとんど匙《さじ》を投げていた。

たしかに、中年にさしかかったところで、がらりと人が変わることは、ままあるらしい。それまでからは考えられない言動に出たり、突然何かに打ち込んだり。「何か」が色恋の場合もある。こじれて、新聞ざたになるようなときも、まわりの人はこうコメントするではないか。「思慮も分別もわきまえた齢になって、なんでまた」。その「齢」が危ないらしい。

アーウィン・ショー、小笠原豊樹訳の短編「分別盛り」（『緑色の裸婦』に所収）の主人公は、齢はあきらかでないが、ニューヨークに妻と娘と住む技術者。ロサンゼルスとの間をし

じゅう行ったり来たりするくらいの、社会的成功はおさめている男である。ロスでの仕事が長引きそうなので、家族を呼び寄せることにした。「五月十四日の便がとれた」。妻が電報で知らせてくる。言い知れぬ胸騒ぎ。半年も前の夢が、まざまざと思い出される。墓穴に棺が下ろされるのを、涙も涸《か》れて見ている自分。夢の中で、なぜか日付けだけははっきりしていた。それが、ほかならぬ五月十四日なのだ。

長距離電話で妻に訴えた。「十四日だけはやめてくれ」。妻はむろんとり合わない。受話器を置いて、情けなさにうちのめされる。自分はずっと頭脳明晰な頼りになる夫であり続けてきたのに、なぜこんな理に合わないことに、心を乱されるのか。そしてその日、もはやなりふり構わぬ思いで、航空会社に電話をし、妻を乗せないようにするが、すでに離陸したあとだった——。

私はこの短編に、よくも「分別盛り」というタイトルをつけたものだと、そのセンスに感心する。ひとりの常識的な男が、ばかげたことと知りつつも、どうしようもない想念にとらわれていくさまが、リアルに描かれている。

ニューヨーク郊外の男を、もうひとり。ジョン・チーヴァー著、渥美昭夫訳「郊外住まい」（『現代アメリカ短編選集II』に所収）の主人公だ。きれいで頭がよく、家事もこなし社交好きの、いわば申し分のない妻と、四人の子どもがいる。

ある夜、パーティーで、妻をはじめとする人々との付き合いに違和感をおぼえた彼は、家に留守番にきていた若い女と、ふとしたはずみでキスをする。そのときから、彼の世界は変わった。彼女とふたり、パリで暮らす夢をみる。宝石店で贈り物を買う。が、彼女のことを実は何も知らないし、言葉もろくに交わしたことがないのである。

通勤列車で似ても似つかぬ女を彼女と間違え追いかけるといった事態にいたり、精神科医にすがって、息も絶え絶えに告白する。「先生、私は恋をしているんです」

滑稽と言えば滑稽。しかし、ふたりの主人公はともに戦争経験者で、そのことがときに彼らに現実離れした思考をさせるという背景を思うと、単に「中年男が血迷った」話とは言いがたい面がある。

その点、「現代都市勤労者の憂鬱」のテーマが全面に出ていて、リラックスして読めるのが、ジョイス・ケアリー著「脱走」（小野寺健編訳『20世紀イギリス短篇選（上）』に所収）。「彼の生活をのせてきたコンベヤー・ベルトが、スイッチが切れて途中で止まった」との比喩も「モダンタイムズ」的だ。

ロンドン郊外の家に、妻、オクスフォードに通う息子、娘と暮らすが、ある朝、いつものように家を出ようとしたとき、「とたんに彼はこれ以上こんな生活はがまんできない、ばかげているという気になった」。

車を会社へ向けるのをやめ、海辺の町へ。妻に手紙をしたためる。「子どもに対する責任さえ果たしてしまえば、すでにおたがい無関心なのに関心があるふりをして、残りの人生を無駄にするのはばかげている」。文章の出来に感心したり、便箋にこだわったりの、ユーモラスな描写が、イギリスらしい。

「血迷って」の最たるものは、画家ゴーギャンがモデルと言われる、サマセット・モーム著、阿部知二訳『月と六ペンス』の主人公だ。絵を描きたい。それだけのために、四十にして、地位も財産も妻子も棄てる。

「人生の意味をどう考えるか」「社会からの要求と個人の要求と、どちらにどう重きをおくか」といった問いかけはわかるが、いずれも、妻が個人の要求を理解し得ない、保守体制派としてしか描かれないのは、なぜだろう。今は女性も、内なる要求にめざめ、いつ何どき「脱走」を企てるかも知れない側なのに。

本がなくても生きてはいける——あとがきに代えて

イタロ・カルヴィーノ、和田忠彦訳の短編集『むずかしい愛』の中に、「ある読者の冒険」と題する作品がある。

海べの岩の上に、主人公の男性アメデーオは、ゴムのクッションを息でふくらませて置き、タオルを広げる。日なたぼっこをしながら、長時間横になるつもりだ。かたわらには、栞《しおり》をはさんだ本。「毎夏、海に出かける前のいちばん骨の折れる支度はといえば、書物を詰め込む重たい鞄の準備だった」。そう、彼は読書家なのだ。

あるとき、寝転がって本を読む彼の視界に、水着の女性が現れる。意外にも女性の方から接近し、アバンチュールの機会がふってわいたようにやって来たわけだが、彼は読書の快楽にひたっているので、なかなかその気にならない。たまりかねた女性がきっかけを作ってさすがの彼も事に及ばざるを得なくなるが、その瞬間にも、本が海の中に落ちなかったか確認し、あいている方の手で、栞を正しい位置に挿《はさ》もうと努力していた。そう、読書家を通り越して、活字中毒なのだ。

私は彼の行動の描写にげらげら笑い、そうしてから、

（「わかる、わかる」なんて手を打っているとは、私も少しその気があるか？）

と不安になったのである。

が、そんなことはないな。

世の中には、ほんとうに本が好きな人がいるものだと、子どもの頃や学生時代、感心することが多かった。今の仕事になってからは、よけいそうだ。その人たちに比べれば、私は熱中の度合いも、読書量も「とてもとても」の二乗であって、本がなくてもじゅうぶん生きていけるタイプである。

本を読むことが、人間の幸せだ、とも思わない。それどころか、「ある読者の冒険」の主人公のように、この世の極楽を今ひとつじゅうぶん味わえないことにもなったりする。

と、留保をたっぷりとつけた上で、私はやはり本は好きだ。「が」と「は」の助詞の使い分けに、注目していただきたい。

世の中にはいろいろな楽しみがあるし、それらにも色気がありながら、本も好きだというスタンスを、今いちど示しておきたいのである。

文庫版あとがき

出張から帰る、新幹線の駅の構内で。同行の男性が、周囲に目を走らせ、そわそわしている。トイレかな？と思ったら、

「構内に、本屋がないかなと。持ってきた本を、行きに読み終えてしまったんです」

その緊急度は、私にもわかった。

「どうぞ探しにいらして下さい。先にホームに上がってますから」

新幹線が滑り込む頃、息せき切って現れた彼の手には、カバーも新しい一冊が。

世の中には、二つのタイプの人がいる。外出時に、本がなければいられない人と、平気な人と。私は前者で、彼もそのようだ。

外に出れば、隙間時間が生じる。予定をいっぱい入れてある日でも、前の用事が思いがけず早く済むとか、移動とか。そのときに、本がないと、落ち着かない。

ましてや、これから二時間半、じっと座っていなければならないのだ。「何かしら読むものを！」

と強迫観念にとらわれるのも、無理からぬことだろう。

乗り込んで、座席のテーブルに本を置いた同行者は、ほっとしたように背もたれを倒す。次に見たときは、本を閉じたまま、姿勢で、寝入っていた。

東京に着くまで、深く深く眠り続け、発車ぎりぎりまで駆けずり回って調達した本は、結局一頁も開かずじまいだった。必ずしも読まなくてもいいのである。本が「ある」というだけで安心なのだ。

本は何よりの精神安定剤である。待ち時間も、苦にならない。

誰にとっても有限な時だが、いつでも開けるところに本があると、時の支配を受ける身であることを忘れる。

郵便局や銀行で、膝をゆすりつつ舌打ちし、イライラを全身から発しながら順番待ちしている人を見ると、

「まあ、ちょっと、本でも読めば」

と声をかけたくなるのである。

二〇〇四年四月

岸本葉子

本書で取り上げた本

本書で取り上げた本を編集部でまとめました。データは二〇〇四年五月現在のものです。文庫化された本については、手に入りやすい文庫をあげています。なお、現在は品切れの本もありますがご了承ください。

I　やっぱり頑張る女たち

『吉本興業女マネージャー奮戦記「そんなアホな!」』大谷由里子　朝日文庫
『添乗員（ツアーコンダクター）さん大活躍』大庭かな子　筑摩書房
『ナースコール　だから看護婦はやめられない』宮子あずさ　講談社
『尼は笑う』麻生佳花　角川文庫
『どうして、私にはいい人が現れないの』ペンローズ・ホールソン　新谷寿美香訳　主婦の友社
『「出産」ってやつは　あたしたちは聖母だ!』田島みるく　PHP文庫
『韓国のおばちゃんはえらい!』渡邉真弓　晶文社
『欲望する女たち　女性誌最前線を行く』久田恵　文藝春秋
『繁栄TOKYO裏通り』久田恵　文藝春秋
『ショッピングの女王』中村うさぎ　文春文庫

『だって、欲しいんだもん！　借金女王のビンボー日記』　中村うさぎ　角川文庫
『素晴らしき家族旅行』　林真理子　新潮文庫
『対岸の家事』　南伸坊　新潮ＯＨ！文庫
『父・こんなこと』　幸田文　新潮文庫
『文句があるなら、自分でおやりッ！　私の家事物語』　沼野正子　草思社
『骨董市で家を買う　ハットリ邸古民家新築プロジェクト』　服部真澄　中公文庫
『ファミリー！』　渡辺多恵子　小学館文庫
『近世おんな旅日記』　柴桂子　吉川弘文館
『忘れられた日本人』　宮本常一　岩波文庫
『ルームメイト』　村田喜代子　文藝春秋
『花野』　村田喜代子　講談社

II　夢をあきらめない生き方がある

『ではまた明日』　西田英史　草思社
『メイド・イン・シンガポールのおっぱい　絵子の乳ガン日記』　内田絵子　発行＝北水／発売＝教育史料出版会
『五体不満足　完全版』　乙武洋匡　講談社文庫
『かなえられない恋のために』　山本文緒　幻冬舎文庫
『恋愛中毒』　山本文緒　角川文庫

『レナの約束』レナ・K・ゲリッセン、ヘザー・D・マカダム　古屋美登里訳　清流出版
『夜と霧　ドイツ強制収容所の体験記録』V・E・フランクル　霜山徳爾訳　みすず書房（二〇〇二年に池田香代子訳による新訳版も同社より刊行された）
『地球を怪食する』小泉武夫　文藝春秋
『鉄の胃袋中国漫遊』石毛直道　平凡社ライブラリー
『食の体験文化史』森浩一　中公文庫
『藤十郎の恋　恩讐の彼方に』菊池寛　新潮文庫
『伊能測量隊まかり通る　幕府天文方御用』渡邊一郎　NTT出版
『文政十一年のスパイ合戦　検証・謎のシーボルト事件』秦新二　文春文庫
『芋っ子ヨッチャンの一生』影山光洋　新潮社
『シベリアン・ドリーム（上・下）』イリーナ・パンタエヴァ　河野万里子訳　講談社
『女たちのジハード』篠田節子　集英社文庫

III　広い世界にあこがれて

『アジアの旅人』下川裕治　講談社文庫
『アジアの友人』下川裕治　講談社文庫
『胡同　北京下町の路地』徐勇　平凡社ライブラリー
『風雲北京』劉岸麗　河出書房新社
『ベトナムで赤ちゃん産んで愉快に暮らす』岡村ゆかり　筑摩書房

『ヒマラヤはどこから来たか　貝と岩が語る造山運動』　木崎甲子郎　中公新書
『インドの樹、ベンガルの大地』　西岡直樹　講談社文庫
『東京ゲスト・ハウス』　角田光代　河出書房新社
『別人「群ようこ」のできるまで』　群ようこ　文春文庫
『アメリカ居すわり一人旅』　群ようこ　角川文庫
『無印良女』　群ようこ　角川文庫
『紀行・お茶の時間』　伊藤ユキ子　晶文社
『万国お菓子物語』　吉田菊次郎　晶文社

Ⅳ　とことんつきつめる人たち

『まぼろしの記・虫も樹も』　尾崎一雄　講談社文芸文庫
『一個・秋その他』　永井龍男　講談社文芸文庫
『庭仕事の愉しみ』　ヘルマン・ヘッセ　岡田朝雄訳　草思社
『人は成熟するにつれて若くなる』　ヘルマン・ヘッセ　岡田朝雄訳　草思社
『園芸家12カ月』　カレル・チャペック　小松太郎訳　中公文庫
『土門拳の古寺巡礼』　土門拳　小学館
『土門拳　日本の仏像』　土門拳　小学館
『見仏記』　いとうせいこう著　みうらじゅん絵　角川文庫
『やさしい仏像の見方』　西村公朝・飛鳥園　新潮社とんぼの本

『うちのカメ　オサムシの先生カメと暮らす』　石川良輔　八坂書房
『ももこのいきもの図鑑』　さくらももこ　集英社文庫
『動物園は心の学校』　亀井一成　ポプラ社
『動物のぞき』　幸田文　新潮文庫
『猫談』　山中麻弓　新潮社
『Ｗｉｎｇ　野鳥生活記』　和田剛一　小学館
『ゴリラを描きたくて　世界のゴリラを訪ねて』　阿部知暁　ポプラ社
『ビッグフットの謎　怪物神話の森を行く』　ロバート・マイケル・パイル　竹内和世訳　三田出版会
『世界の三猿　見ざる、聞カざる、言ワざる』　中牧弘允　東方出版
『人と話すサル「カンジ」』　スー・サベージ-ランバウ、ロジャー・ルーウィン　石館康平訳　講談社
『カンジ　言葉を持った天才ザル』　スー・サベージ-ランボー　古市剛史監修　加地永都子訳　日本放送出版協会
『冤罪』　藤沢周平　新潮文庫
『蟬しぐれ』　藤沢周平　文春文庫
『三屋清左衛門残日録』　藤沢周平　文春文庫
『ウイルスの反乱』　ロビン・マランツ・ヘニッグ　長野敬・赤松眞紀訳　青土社
『無限と連続』　遠山啓　岩波新書
『数の悪魔　算数・数学が楽しくなる12夜』　ハンス・マグヌス・エンツェンスベルガー著　ベルナー絵　丘沢静也訳　晶文社
『零の発見　数学の生い立ち』　吉田洋一　岩波新書
『心は孤独な数学者』　藤原正彦　新潮文庫

『神経内科　頭痛からパーキンソン病まで』　小長谷正明　岩波新書
『脳と神経内科』　小長谷正明　岩波新書
『からだの設計図　プラナリアからヒトまで』　岡田節人　岩波新書
『胃は悩んでいる』　伊藤漸　岩波新書
『腸は考える』　藤田恒夫　岩波新書
『記憶する心臓　ある心臓移植患者の手記』　クレア・シルヴィア、ウィリアム・ノヴァック　飛田野裕子訳　角川書店
『バカだなァ』　天野祐吉　ちくま文庫

V　だから女は頼られる

『龍馬の手紙　坂本龍馬全書簡集・関係文書・詠草』　宮地佐一郎　講談社学術文庫
『龍馬百話』　宮地佐一郎　文春文庫
『老人力』　赤瀬川原平　ちくま文庫
『百鬼園先生言行録』　内田百閒　ちくま文庫
『夜の蟻』　高井有一　ちくま文庫
『檸檬』　梶井基次郎　新潮文庫
『走れメロス』　太宰治　新潮文庫
『人間失格』　太宰治　新潮文庫
『堕落論』　坂口安吾　新潮文庫

『日本の名随筆　別巻36／恋文』　村松友視編　作品社
『車塵集　ほるとがる文』　佐藤春夫　講談社文芸文庫
『ピーチ・ブロッサムへ　英国貴族軍人が変体仮名で綴る千の恋文』　葉月奈津・若林尚司　藤原書店
『デルスウ・ウザーラ　沿海州探検行』　ヴェ・カ・アルセーニエフ　長谷川四郎訳　平凡社東洋文庫
『トウガラシの文化誌』　アマール・ナージ　林真理・奥田祐子・山本紀夫訳　晶文社
『動物の脳採集記』　萬年甫　中公新書
『絵を描く犬』　斎藤忠徳　ぶんか社
『緑色の裸婦』　アーウィン・ショー　小笠原豊樹訳　集英社文庫
『現代アメリカ短編選集II』　ジョン・チーヴァー他　渥美昭夫他訳　白水社
『20世紀イギリス短篇選（上）』　ジョイス・ケアリー他　小野寺健編訳　岩波文庫
『月と六ペンス』　サマセット・モーム　阿部知二訳　岩波文庫

本がなくても生きてはいける——あとがきに代えて

『むずかしい愛』　イタロ・カルヴィーノ　和田忠彦訳　岩波文庫

本書は、「小説現代」「週刊朝日」「週刊読売」「中央公論」「週刊文春」「波」「新世」「歴史街道」「湘南文学」「オール讀物」『岩波新書を読む』（岩波新書）などに掲載されたエッセイと、『素晴らしき家族旅行』（新潮文庫）『ファミリー！』（小学館文庫）『アジアの友人』（講談社文庫）『アメリカ居すわり一人旅』（角川文庫）『バカだなァ』（ちくま文庫）の文庫解説を加筆・訂正し、書き下ろしのエッセイを加えたものです。単行本『恋もいいけど本も好き』として、二〇〇〇年六月、第一出版センター（現・講談社エディトリアル）の編集により小社から刊行されました。文庫化にあたり、改題しました。

著者｜岸本葉子　エッセイスト。1961年、鎌倉生まれ。東京大学教養学部卒業。保険会社勤務を経て、北京に留学。書評にも定評がある。2003年に自らのがん闘病を綴った『がんから始まる』（晶文社）は、読者の大きな共感を呼び話題になった。他の著書に、『炊飯器とキーボード』『家《うち》もいいけど旅も好き』『四十になるって、どんなこと？』（すべて講談社文庫）、『やっと居場所がみつかった』（文春文庫）、『本棚からボタ餅』（中公文庫）、『パソコン学んでe患者』（晶文社）、『歳時記を生きる』（中央公論新社）、『本だから、できること』（ポプラ社）など多数。

本《ほん》がなくても生《い》きてはいける

岸本葉子《きしもとようこ》

講談社文庫

定価はカバーに
表示してあります

2004年6月15日第1刷発行

発行者――野間佐和子
発行所――株式会社　講談社
東京都文京区音羽2-12-21　〒112-8001
電話　出版部（03）5395-3510
　　　販売部（03）5395-5817
　　　業務部（03）5395-3615

デザイン―菊地信義
製版―――株式会社堀内印刷所
印刷―――株式会社堀内印刷所
製本―――株式会社上島製本所

Printed in Japan

落丁本・乱丁本は購入書店名を明記のうえ、小社書籍業務部あてにお送りください。送料は小社負担にてお取替えします。なお、この本の内容についてのお問い合わせは文庫出版部あてにお願いいたします。

ISBN4-06-274795-2

講談社文庫刊行の辞

二十一世紀の到来を目睫に望みながら、われわれはいま、人類史上かつて例を見ない巨大な転換期をむかえようとしている。

世界も、日本も、激動の予兆に対する期待とおののきを内に蔵して、未知の時代に歩み入ろうとしている。このときにあたり、創業の人野間清治の「ナショナル・エデュケイター」への志を現代に甦らせようと意図して、われわれはここに古今の文芸作品はいうまでもなく、ひろく人文・社会・自然の諸科学から東西の名著を網羅する、新しい綜合文庫の発刊を決意した。

激動の転換期はまた断絶の時代である。われわれは戦後二十五年間の出版文化のありかたへの深い反省をこめて、この断絶の時代にあえて人間的な持続を求めようとする。いたずらに浮薄な商業主義のあだ花を追い求めることなく、長期にわたって良書に生命をあたえようとつとめるところにしか、今後の出版文化の真の繁栄はあり得ないと信じるからである。

同時にわれわれはこの綜合文庫の刊行を通じて、人文・社会・自然の諸科学が、結局人間の学にほかならないことを立証しようと願っている。かつて知識とは、「汝自身を知る」ことにつきていた。現代社会の瑣末な情報の氾濫のなかから、力強い知識の源泉を掘り起し、技術文明のただなかに、生きた人間の姿を復活させること。それこそわれわれの切なる希求である。

われわれは権威に盲従せず、俗流に媚びることなく、渾然一体となって日本の「草の根」をかたちづくる若く新しい世代の人々に、心をこめてこの新しい綜合文庫をおくり届けたい。それは知識の泉であるとともに感受性のふるさとであり、もっとも有機的に組織され、社会に開かれた万人のための大学をめざしている。大方の支援と協力を衷心より切望してやまない。

一九七一年七月

野間省一

講談社文庫 最新刊

内田康夫
博多殺人事件
企業幹部と案内嬢が相次いで殺された。九州デパート戦争をめぐる殺人に浅見光彦が挑む。

笠井潔
ヴァンパイヤー戦争《ウォーズ》
1〈吸血神ヴァーオゥの復活〉
2〈月のマジックミラー〉
孤高のヒーロー九鬼鴻三郎は、美少女ラミアを敵から守れるのか？ 伝奇アクション巨編。

二階堂黎人
悪魔のラビリンス
寝台特急の個室内で女が惨殺された。が、犯人は姿を消して……。究極の密室トリック。

霧舎巧
カレイドスコープ島
《あかずの扉》研究会竹取島へ
謎めいた因習に呪縛された双子の島で連続する惨劇。名作『獄門島』の興奮がいま甦る！

藤木稟
テンダーワールド
全米で続発する怪事件を追うFBI捜査官とレポーターが遭遇した、人智を超えた世界⁉

岡嶋二人
99%の誘拐
コンピュータに制御された前代未聞の誘拐事件！ 手に汗握る**吉川英治文学新人賞受賞作**

マイケル・クーランド
吉川正子 訳
千里眼を持つ男
ホームズの宿敵モリアーティ教授が欧州の危機に立ち向かう。シャーロキアン必読の一冊。

アイリス・ジョハンセン
北沢あかね 訳
嘘はよみがえる
上院議員から依頼された頭骸骨の復顔。イヴの身に最大の危機が。女王の最新作、最高傑作。

日本推理作家協会 編
終日犯罪
〈ミステリー傑作選44〉
宮部みゆき、馳星周、泡坂妻夫、五條瑛他、ミステリーの名手による豪華アンソロジー。

西村京太郎
寝台特急《メモリー・トレイン》「日本海」殺人事件
列車内で出産した女性の足跡を辿れば死体が続々と。謎をのせた特急、十津川の推理は？

佐高　信　官僚国家＝日本を斬る
佐高　信　社長のモラル〈日本企業の罰と罪〉
佐高　信　ニッポンの大問題
佐高　信　日本を撃つ
佐高　信　こんな日本に誰がした！
佐高　信　石原莞爾その虚飾
佐高　信　日本の権力人脈《パワー・ライン》
佐高　信　宮本政於　官僚に告ぐ！
佐高信編　男の美学〈ビジネスマンの生き方20選〉
さだまさし　日本が聞こえる
堺屋太一　時代末(上)(下)
柴門ふみ　笑って子育てあっぷっぷ
柴門ふみ　愛さずにはいられない〈ミーハーとしての私〉
柴門ふみ　マイリトルNEWS
佐江衆一　50歳からが面白い
鷺沢　萠　月刊サギサワ

鷺沢　萠　コマのおかあさん
酒井順子　結婚疲労宴
酒井順子　ホメるが勝ち！
酒井順子　少子
佐野洋子　猫ばっか
佐野洋子　わたしいる
佐川芳枝　寿司屋のかみさんうちあけ話
佐川芳枝　寿司屋のかみさんおいしい話
佐川芳枝　寿司屋のかみさんとっておき話
佐川芳枝　寿司屋のかみさんお客さま控帳
佐川芳枝　寿司屋のかみさん、エッセイストになる
桜木もえ　ばたばたナース
桜木もえ　ばたばたナース 泣かないもん！
桜木もえ　ばたばたナース 秘密の花園
桜木もえ　ばたばたナース 美人の花道
佐藤治彦　〈お金で困らない人生のための〉最新・金融商品五つ星ガイド

斎藤貴男　バブルの復讐〈精神の瓦礫〉
司馬遼太郎　海音寺潮五郎　日本歴史を点検する
司馬遼太郎　井上ひさし　国家・宗教・日本人
司馬遼太郎　陳舜臣　金達寿　歴史の交差路にて〈日本・中国・朝鮮〉
城山三郎　ビッグボーイの生涯〈五島昇その人〉
城山三郎　彼も人の子ナポレオン〈統率者の内側〉
白石一郎　海よ島よ〈歴史紀行〉
白石一郎　乱世を斬る〈歴史エッセイ〉
白石一郎　蒙古襲来〈海から見た歴史〉
島田荘司　本格ミステリー宣言
島田荘司　本格ミステリー宣言II〈ハイブリッド・ヴィーナス論〉
島田荘司　ポルシェ911《ナインイレブン》の誘惑
島田荘司　自動車社会学のすすめ
島田荘司　島田荘司読本
清水義範　今どきの教育を考えるヒント
清水義範　青二才の頃〈回想の'70年代〉

講談社文庫　エッセイ&ノンフィクション作品

清水義範　日本語必笑講座
清水義範　目からウロコの教育を考えるヒント
清水義範　西原理恵子・え　おもしろくても理科
清水義範　西原理恵子・え　もっとおもしろくても理科
清水義範　西原理恵子・え　どうころんでも社会科
清水義範　西原理恵子・え　もっとどうころんでも社会科
椎名誠　にっぽん・海風魚旅〈怪し火さすらい編〉
東海林さだお　平成サラリーマン専科〈カチョーもフキョーも丸かじり〉
東海林さだお　平成サラリーマン専科〈トホホとウヒョヒョの丸かじり〉
東海林さだお　平成サラリーマン専科〈ニョーボもマキコも丸かじり〉
下田治美　ぼくんち熱血2DK
周大荒　渡辺精一訳　反三国志　上・下
篠田節子　寄り道ビアホール
下川裕治　アジアの旅人
下川裕治　週末アジアに行ってきます
下川裕治ほか　アジア大バザール

下川裕治　桃井和馬　世界一周ビンボー大旅行
下川裕治　篠原明　沖縄ナンクル読本
重松清　世紀末の隣人
島村麻里　地球の笑い方
島村麻里　地球の笑い方　ふたたび
嶋田昭浩　解剖・石原慎太郎
新多昭二　秘話　陸軍登戸研究所の青春
瀬戸内寂聴　いのち発見
瀬戸内寂聴　無常を生きる〈寂聴随想〉
瀬戸内寂聴　寂聴相談室　人生道しるべ
梅原猛　瀬戸内寂聴　寂聴・猛の強く生きる心
関川夏央　よい病院とはなにか〈病むことと老いること〉
関川夏央　中年シングル生活
M・セリグマン　山村宜子訳　オプティミストはなぜ成功するか
先崎学　フフフの歩
妹尾河童　河童が覗いたインド

妹尾河童　河童が覗いたヨーロッパ
妹尾河童　河童が覗いたニッポン
曽野綾子　自分の顔、相手の顔〈自分流を貫く生き方のすすめ〉
そのだちえ　なにわOL処世道
田辺聖子　「おくのほそ道」を旅しよう〈古典を歩く11〉
立花隆　田中角栄研究全記録　全二冊
立花隆　中核VS革マル　全二冊
立花隆　日本共産党の研究　全三冊
立花隆　青春漂流
立花隆　同時代を撃つⅠ〜Ⅲ〈情報ウォッチング〉
高杉良　人事権！
高杉良　濁流(上)(下)〈組織悪に抗した男たち〉
高杉良　局長罷免—小説通産省
高杉良　挑戦つきることなし〈小説ヤマト運輸〉
高杉良　権力必腐《ひっぷ》〈日本経済混迷の元凶を糾す〉
高杉良　金融腐蝕列島(上)(下)

講談社文庫　エッセイ&ノンフィクション作品

講談社文庫　エッセイ&ノンフィクション作品

中島らも編・著　なにわのアホぢから
長村キット　英会話最終強化書
長村キット　3語で話せる英会話〈英会話最終強化書2〉
長村キット　こんなときどう言う英会話辞典〈英会話最終強化書3〉
中村天風　運命を拓く〈天風瞑想録〉
夏坂　健　ナイス・ボギー
夏坂　健　ゴルフの神様
中村智志　写真・裵昭　路上の夢〈新宿ホームレス物語〉
仲畑貴志　この骨董が、アナタです。
中保喜代春　ヒットマン〈獄中の父からいとしいわが子へ〉
中村うさぎ　中村うさぎの四字熟誤
ニルソン他　松山栄吉訳　生まれる〈胎児成長の記録〉
西村玲子　旅のように暮らしたい。
西村玲子　玲子さんの好きなものに出合う旅
西村玲子　玲子さんのラクラク手作り教室
楡　周平　外資な人たち〈ある日外国人上司がやってくる〉

野口悠紀雄　「超」勉強法
野口悠紀雄　「超」勉強法・実践編
原田泰治　わたしの信州
原田武雄　原田泰治　泰治が歩く〈原田泰治の物語〉
原田宗典　東京見聞録
原田宗典　見学ノススメ
馬場啓一　白洲次郎の生き方
馬場啓一　白洲正子の生き方
林　望　帰らぬ日遠い昔
林　望　リンボウ先生の書物探偵帖
林　巧　チャイナタウン発楽園行き〈イースト・ミーツ・ウエスト物語〉
浜なつ子　アジア的生活
畠山健二　下町のオキテ
早瀬圭一　平尾誠二最後の挑戦
林　丈二　イタリア歩けば…
林　丈二　猫はどこ？

林　丈二　フランス歩けば…
林　丈二　犬はどこ？
ハービー・山口　女王陛下のロンドン
原口純子　中国の賢いキッチン
原口純子と中華生活ウォッチャーズ　踊る中国人
はにわきみこ　たまらない女
はにわきみこ　へこまない女
平岩弓枝　極楽とんぼの飛んだ道〈私の半生、私の小説〉
広田靚子　香りの花束ハーブと暮らし
広田靚子　イギリス花の庭
日比野宏　アジア亜細亜　無限回廊
日比野宏　アジア亜細亜　夢のあとさき
日比野宏　夢街道アジア
平野恵理子　おいしいお茶、のんでる？
広瀬久美子　お局《つぼね》さまのひとりごと
平岩弓枝　ものは言いよう

講談社文庫　エッセイ&ノンフィクション作品

水木しげる　コミック昭和史第5巻〈太平洋戦争後半〉
水木しげる　コミック昭和史第6巻〈終戦から朝鮮戦争〉
水木しげる　コミック昭和史第7巻〈講和から復興〉
水木しげる　コミック昭和史第8巻〈高度成長以降〉
水木しげる　総員玉砕せよ！
宮脇俊三　古代史紀行
宮脇俊三　平安鎌倉史紀行
宮脇俊三　室町戦国史紀行
宮脇俊三　全線開通版・線路のない時刻表
宮脇俊三　徳川家康歴史紀行5000キロ
宮子あずさ　看護婦が見つめた人間が死ぬということ
水谷加奈　ON AIR〈女子アナ恋モード、仕事モード〉
宮城由紀子　部屋を広く使う快適インテリア術
村上　龍　村上龍全エッセイ全三巻〈1976〜1981〉〈1982〜1986〉〈1987〜1991〉
村上龍・山岸隆　「超能力」から「能力」へ
村上春樹　アンダーグラウンド

群ようこ　驚典
群ようこ　濃い人々〈いとしの作中人物たち〉
向山昌子　アジア〈ごはんを食べに行こう〉
室井佑月　子作り爆裂伝
盛川　宏　モリさんの釣果《ちょうか》でごちそう
森　瑤子　親しき仲にも冷却あり
毛利恒之　月光の夏
毛利恒之　月光の海
森まゆみ　抱きしめる、東京〈町とわたし〉
森田靖郎　東京チャイニーズ〈裏歌舞伎町の流氓たち〉
森田靖郎　密航列島
森田靖郎　TOKYO犯罪公司《コンス》
森枝卓士　私的メコン物語〈食から覗くアジア〉
森　慶太　2002年版買って得するクルマ損するクルマ〈新車購入全371台徹底ガイド〉
森　慶太　2003年版買って得するクルマ損するクルマ〈新車購入全369台徹底ガイド〉
森津純子　家族が「がん」になったら〈誰も教えてくれなかった介護法と心のケア〉

緊急出版　森　孝一　「ジョージ・ブッシュ」のアタマの中身〈アメリカ「超保守派」の世界観〉
柳田邦男　この国の失敗の本質
柳田邦男　20世紀は人間を幸福にしたか
柳田邦男・伊勢英子　はじまりの記憶
山口瞳・常盤新平 編　新装版 諸君！この人生、大変なんだ
山田風太郎　新装版戦中派不戦日記
矢口高雄　ボクの学校は山と川
矢口高雄　ボクの手塚治虫
矢口高雄　螢雪時代 全5巻〈ボクの中学生日記〉
山田詠美　セイフティボックス
山田詠美　熱血ポンちゃんが行く！
山田詠美　再び熱血ポンちゃんが行く！
山田詠美　誰がために熱血ポンちゃんは行く！
山田詠美　嵐ヶ熱血ポンちゃん！
山田詠美　熱血ポンちゃんは二度ベルを鳴らす
山田詠美　熱血ポンちゃんが来りて笛を吹く

講談社文庫　エッセイ&ノンフィクション作品

柳家小三治　ま・く・ら
柳家小三治　もひとつ ま・く・ら
山田　和　インド大修行時代
山脇岳志　日本銀行の深層
山本昌邦　山本昌邦備忘録
結城昌治　死もまた愉し
吉村　昭　私の好きな悪い癖
吉田ルイ子　ハーレムの熱い日々
吉岡　忍　放熱の行方〈尾崎豊の3600日〉
淀川長治　淀川長治映画塾
横田濱夫　はみ出し銀行マンの資産倍増論
横田濱夫　幸せの健全「借金ゼロ」生活術
青木雄二 横田濱夫　ゼニで死ぬ奴 生きる奴
吉村葉子 宇田川悟　パリ20区物語
吉村葉子 宇田川悟　パリ近郊の小さな旅〈イル・ド・フランスの魅惑〉
米原万里　ロシアは今日も荒れ模様
吉永良正　秋山仁の落ちこぼれは天才だ
マミ・レヴィ　マミ・レヴィのアロマテラピー
歴史を旅する会 編　剣豪伝 天の巻 地の巻
歴史を旅する会 編　幕末テロリスト列伝
渡辺淳一　いま脳死をどう考えるか
渡辺淳一　風のように・みんな大変
渡辺淳一　風のように・母のたより
渡辺淳一　風のように・忘れてばかり
渡辺淳一　風のように・返事のない電話
渡辺淳一　風のように・嘘さまざま
渡辺淳一　ものの見かた感じかた〈渡辺淳一エッセンス〉
渡辺淳一　風のように・不況にきく薬
渡辺淳一　風のように・別れた理由
渡辺淳一　男と女
渡辺淳一　風のように・贅を尽くす
J・D・ワトソン 江上・中村訳　二重らせん
渡辺篤史　渡辺篤史のこんな家を建てたい
わかぎゑふ　男《なん》体《たい》動《どう》物《ぶつ》〈若旦那に愛をこめて〉
わかぎゑふ　笑ってる猫

2004年6月15日現在